LE GARÇON IDÉAL

Vous aimez les livres de la série

Sweet 16

Écrivez-nous pour nous faire partager votre enthousiasme :
Pocket Jeunesse, 12 avenue d'Italie, 75013 Paris.

Mary-Kate and Ashley
Sweet 16

Le garçon idéal

Eliza Willard

Traduit de l'américain
par Anne-Laure Malaval

Adapté par Caroline Gaume

POCKET
jeunesse

Titre original :
Cross Our Hearts

Publié pour la première fois en 2002
par Harper Entertainment, États-Unis.

Loi n° 49 956 du 16 juillet 1949 sur les publications
destinées à la jeunesse : juin 2006.

ISBN 2-266-15911-9

1

Ashley

Ouups ! Je venais juste de prendre une énorme vague en pleine figure au moment où mon surf arrivait sur le rivage.

— Décidément, Ashley, ce n'est pas ton jour ! s'écria Brittany Bowen, morte de rire. Même Lucas ferait mieux !

— Oh, ça va, fis-je, un peu vexée.

Lucas était le petit frère de Brittany et il avait tout juste une semaine.

Je traînai ma planche derrière moi et m'écroulai sur le sable à côté de Brittany, l'une de mes meilleures amies. Une surfeuse hors pair. Des milliers de gouttelettes d'eau brillaient sur sa peau noire et ses jolis cheveux bruns coupés court.

Nous étions samedi après-midi et il faisait un temps exceptionnel. Idéal pour surfer dans les meilleures conditions.

Brittany testait sa nouvelle planche. C'était la première journée de liberté qu'elle s'accordait depuis que son petit frère était né.

— Tu n'es pas au top de ta forme, me fit remarquer Brittany.

C'est vrai que je n'avais jamais été aussi minable !

— Je n'arrive pas à me concentrer, dis-je. J'ai la tête ailleurs.

— Peut-être à cause d'Aaron, suggéra Brittany.

Une fois de plus, elle avait mis dans le mille. Mon tout premier rendez-vous avec Aaron avait lieu ce soir-là et je ne pouvais pas m'empêcher d'y penser.

— C'est dingue, je voudrais que tout soit parfait ce soir, mais je ne suis pas sûre d'avoir assez de temps pour être fin prête. Je ne sais même pas ce que je vais mettre, tu te rends compte ! J'ai passé toute la matinée à m'occuper de ce dîner pour papa...

— Quel dîner ? C'est son anniversaire ?

— Non, il vient de décrocher une super promotion à son boulot. Il va devenir le patron de la section marketing et vente. Je ne sais pas trop en quoi ça consiste, mais c'est un très gros poste, et nous voulons absolument fêter l'événement.

— C'est bête, on aurait pu aller au centre commercial cet après-midi trouver une tenue pour ton rendez-vous avec Aaron. Le surf pouvait attendre ! s'exclama Brittany.

— Tu mourais d'envie d'essayer ta nouvelle planche et tu as tellement aidé ta mère depuis la naissance de Lucas ! répondis-je.

Brittany éclata de rire.

— Ça, c'est tout toi ! Tu fais toujours passer les autres avant. Ton père, moi... C'est fou ! Mary-Kate, quand je lui ai parlé de cette journée de surf, elle a réussi à me persuader qu'elle était bien trop occupée avec son concours de photos : elle m'a même demandé de lui filer un coup de main !

— Je sais, elle a fait pareil avec moi, dis-je en souriant. Je trouve génial qu'elle participe à ce concours et je parie qu'elle va gagner. En ce moment, tout lui réussit.

Mary-Kate avait accompli une multitude d'exploits ces derniers temps. Elle avait remporté un succès d'enfer dans une pièce de théâtre, gagné le précédent concours de photos et participé activement au lancement du nouveau site web de notre lycée. Elle n'arrêtait pas de me dire que je devrais m'investir davantage dans ce genre d'activités, et elle avait raison.

— Tu sais quoi ? lançai-je à Brittany. À partir de maintenant, je vais faire comme Mary-Kate : me fixer de grands objectifs et exploiter mes talents.

— J'ai un objectif pour toi, si tu veux, suggéra Brittany : boire un grand milk-shake chocolat au bar ! Suis-moi, lança-t-elle en démarrant au quart de tour.

Mary-Kate

— Allez, ouvre-toi, méchant petit fichier !

Je venais d'allumer mon ordinateur portable et le chargement était plutôt lent.

— Bientôt, je te trouverai un remplaçant

et tu ne pourras plus me jouer tes tours idiots, dis-je à la machine récalcitrante.

Alors que j'étais en train de rédiger un article pour le site web du lycée, après les cours, tout mon travail avait été effacé ! Impossible de récupérer mon document. Nous étions samedi après-midi et je devais rendre mon article le lundi matin.

J'avais beau torturer mon clavier, rien n'y faisait !

— Sale bête ! m'exclamai-je. Je deviens folle ou quoi ? Je suis là, seule dans ma chambre, et j'insulte une machine comme si c'était un être humain. Il faut que je me calme !

— Tu es très occupée, Mary-Kate ? dit ma mère en passant la tête dans l'entrebâillement de ma porte.

« Très occupée », c'était le moins qu'on puisse dire ! En plus de ce fichu article pour le site, j'avais une interro d'histoire à réviser et une dissertation de français à terminer. Sans parler des photos que j'avais prévu de prendre et de développer pour le concours amateur du magazine *Focus*, auquel j'avais décidé de participer. En fait, j'étais littéralement débordée !

— Eh bien... commençai-je.

— Je ne veux pas t'embêter, continua ma mère, mais j'aurais besoin d'un petit coup de main pour faire quelques courses.

La voiture de maman était tombée en panne et se trouvait chez le garagiste. C'était à se demander si toutes les machines du monde ne se liguaient pas contre moi pour me pourrir la vie !

— Tu voudrais m'accompagner en ville avec ta voiture ? insista-t-elle. J'aurais bien demandé à Ashley, mais elle est partie surfer avec Brittany et, de toute façon, ça ne sera pas très long.

Je jetai un œil à l'ordinateur paresseux et finis par me dire que je n'en tirerais rien de plus. Après tout, les choses seraient peut-être rentrées dans l'ordre à mon retour...

« C'est ça, pensai-je. De très gentils petits lutins vont venir dans ta chambre pendant que tu seras sortie et persuaderont Môssieur l'Ordinateur de se montrer plus conciliant, et ils en profiteront pour faire ton lit, ranger tes affaires et terminer tes devoirs !

— OK, je t'emmène.

Je savais que maman ne m'aurait pas dérangée si ça n'avait pas été important et, après tout, si j'avais une magnifique Mustang décapotable rose, c'était bien grâce à elle et papa, qui nous l'avaient offerte pour notre anniversaire.

J'ai attrapé mon sac et mes clefs de voiture et nous nous sommes dirigées vers le garage.

— Où allons-nous ? demandai-je à ma mère.

Elle jeta un coup d'œil rapide sur sa liste de courses.

— On pourrait commencer par le centre commercial, dit-elle.

— C'est comme si on y était ! lançai-je.

Mais à peine engagées sur la route, nous étions déjà coincées dans les embouteillages.

— Qu'est-ce qui se passe ?

La circulation n'était jamais facile sur Malibu le samedi, mais là, c'était le comble !

— Regarde, le feu du carrefour est en panne, me fit remarquer maman.

— Super, m'exclamai-je. On en a pour la journée !

Et je ne me trompais pas ! Après le centre commercial, ce fut de pire en pire ! Je devenais folle.

— Il faudrait survoler toutes ces voitures qui se traînent ! m'emportai-je. À quand les voitures volantes supersoniques ? Nous sommes au XXIe siècle quand même !

Ma mère éclata de rire. Pourtant, je n'essayais pas d'être drôle, je frôlais la crise de nerfs.

— Allons, calme-toi, chérie. Au fait, comment trouves-tu ces cartons d'invitation ?

Elle profita d'un feu rouge pour me montrer de jolies cartes imprimées. Le mot « Félicitations » y était inscrit, encadré d'une frise rouge et or.

— Très beau, dis-je. C'est pour quoi faire ?

— Je ne t'ai pas dit ? Ce matin, Ashley a eu une excellente idée. Nous allons organiser une grande soirée pour fêter la promotion de ton père. Ashley va s'occuper de toute l'organisation.

— C'est une idée géniale, dis-je, me sentant un peu coupable.

Ashley pensait toujours à ce genre de choses gentilles pour les autres. Et moi, jamais.

— Surtout, pas un mot à ton père, me recommanda ma mère. Cela doit rester un secret. Il part en voyage d'affaires la semaine prochaine et sa promotion ne sera officielle qu'à son retour. Ce qui nous laisse le temps nécessaire pour lui préparer la surprise.

À ce moment-là, le conducteur derrière moi klaxonna comme un fou. Le feu venait de passer au vert et il s'impatientait.

Garde ton calme, me dis-je, et je démarrai lentement pour traverser le carrefour. Deux minutes plus tard nous étions à nouveau pare-chocs contre pare-chocs.

— C'est ce soir qu'Ashley a son rendez-vous, non ? demanda maman.

La circulation ne perturbait en rien ma mère. Elle se conduisait comme si nous étions tranquillement en train de discuter au coin du feu.

— Elle sort avec Aaron Moore, le garçon dont elle a fait la connaissance grâce à son service de rencontres du Click café. D'après le score qu'ils ont obtenu, ils sont hyper compatibles.

— Je ne connais pas les théories sur la compatibilité, mais cet Aaron Moore m'a l'air d'un garçon très sympathique !

— Il l'est, affirmai-je. Ashley est très excitée à l'idée de ce rendez-vous et je crois aussi très anxieuse !

Je réalisai alors qu'elle n'était allée surfer avec Brittany que pour lui faire plaisir. Décidément, Ashley était toujours très attentionnée et moi je ne pensais qu'à moi !

Je me fis à nouveau klaxonner.

— Si ce type s'énerve une fois de plus, je descends de la voiture et je lui crève les pneus ! m'écriai-je.

Ma mère tenta de me calmer. Si je voulais ressembler à Ashley, j'avais encore de gros progrès à faire !

Ashley

— Et que penses-tu de celle-ci ? demandai-je en tournoyant devant Mary-Kate, vêtue d'une robe noire lacée. Ça n'est pas un peu trop sophistiqué ?

— Où allez-vous dîner ? Chez Capretto ?

— Oui, fis-je.

Capretto était un restaurant italien très accueillant caché dans les collines.

— Alors, c'est trop habillé. Pourquoi tu ne mettrais pas ta robe moulante bleu pâle ?

— Très bonne idée ! m'exclamai-je en me ruant vers mon armoire.

— Au fait, le surf ? fit Mary-Kate.

— Super ! J'ai passé mon temps à tomber. En revanche, Brittany est vraiment douée ! Tu sais, Mary-Kate, j'ai réfléchi et...

— Moi aussi, j'ai réfléchi, me coupa Mary-Kate. Maman m'a parlé de ton projet de dîner pour papa et je trouve que c'est une très bonne idée. Du coup, je me suis dit que je devrais être un peu plus comme toi.

J'éclatai de rire. Nous avions pensé à la même chose et tiré les mêmes conclusions. Pas moyen d'être différentes, nous finissions toujours par nous ressembler !

La sonnette de la porte d'entrée tinta.

— Zut ! Il est déjà sept heures, c'est lui !

2

Ashley

— Il faut que je t'avoue quelque chose, Ashley, fit Aaron en s'adossant à sa chaise.

Nous étions tous les deux chez Capretto et venions de terminer une énorme assiette de spaghettis bolognaise.

— Tu ne vas pas me croire, mais j'ai eu le coup de foudre pour toi dès la maternelle.

De tous les garçons que j'avais croisés à l'époque, aucun Aaron Moore ne me revenait en mémoire.

— La maternelle ! m'écriai-je. Mais tu n'étais pas dans ma classe ?

— Non, c'est vrai. J'étais dans celle de Mme Carpenter, dit-il en écartant une longue mèche brune qui cachait ses sublimes yeux bleus.

Il était adorable !

— Votre classe avait monté une pièce historique pour Thanksgiving, et nous avions été invités à la représentation.

— Oh non, pas ça ! murmurai-je en comprenant à quoi il faisait allusion.

J'avais le premier rôle dans cette pièce... et j'incarnais la dinde !

— Tu étais absolument craquante avec toutes ces plumes autour de la tête et...

— Arrête ! N'en dis pas plus. Je ne peux pas croire que tu te souviennes de cet horrible spectacle !

— Je me rappelle surtout que tu avais oublié ton texte, dit-il.

— Impossible de sortir une seule de mes répliques, alors il a bien fallu que j'improvise... « Coin-coin », je n'ai trouvé que ça à dire !

— Oui ! Et une fille de ma classe s'est levée et a protesté tout fort : « La dinde ne fait pas coin-coin ! C'est le canard qui fait coin-coin !

— Je me suis sentie si ridicule ! Je savais

bien que je disais n'importe quoi. Ce soir-là, j'ai gâché le spectacle.

— Pas du tout ! Tu as été magnifique, tu as cassé la baraque !

— Ça, c'est sûr ! fis-je en riant. Mais cette pièce n'était pas faite pour être comique à l'origine, et ç'a été la fin de ma brillante carrière d'actrice ! Aucun prof ne m'a plus jamais confié le moindre rôle dans un spectacle.

Le serveur vint à notre table.

— Que dirais-tu d'un dessert ? demandai-je à Aaron.

— Je mangerais bien une grosse glace chez King Kone, ça te va ?

— Impeccable !

King Kone était un glacier très célèbre dont la boutique était décorée comme dans les années 50. À l'entrée, il y avait un gorille bleu géant qu'on ne pouvait pas rater.

Nous nous sommes installés en terrasse. Aaron a pris un sundae chocolat et moi une grosse glace à l'italienne vanille-chocolat.

— Ma mère m'emmenait toujours ici

après une séance chez le dentiste, dit Aaron. J'avais des caries, et le dentiste disait à ma mère de ne plus me donner de choses sucrées, mais elle culpabilisait tellement de m'imposer ces séances de torture qu'on venait chez King Kone, histoire de me consoler. Et voilà pourquoi, aujourd'hui, on m'appelle « l'homme aux dents d'argent », s'exclama-t-il en me montrant deux molaires plombées au fond de sa bouche.

— Je n'ai jamais eu de caries, mais Mary-Kate si, et elle dit que c'est très douloureux.

À ce moment-là, un coupé Mercedes se gara dans le parking, près de nous.

— Oh non, pas ça, pitié ! grogna Aaron.

— Quoi ? Qu'est-ce qu'il y a ?

Une grande rousse ravissante descendit de la voiture, accompagnée d'un garçon au look ravageur.

— Salut, Aaron ! fit la fille.

Elle avait de très beaux yeux vert émeraude.

— Bonsoir, Meredith, répondit Aaron.

— Je te présente David, dit-elle en désignant le garçon qui l'accompagnait. On vient se payer une glace.

— Super, lança Aaron. C'est Ashley, dit-il en me prenant par les épaules.

Je fus surprise de cette soudaine tendresse mais trouvai cela plutôt mignon. Quant à Meredith, elle sembla accuser le coup.

— Alors, quoi de neuf ? ajouta-t-elle.

— Oh, rien de nouveau : le lycée, le foot, la routine, quoi !

— Je pars pour Paris dans peu de temps, dit-elle. Mon père tient absolument à ce que je passe un an en France pour apprendre la langue avant de rentrer à l'université. On pourrait peut-être se voir avant mon départ ?

— Heu... oui, répondit-il d'un air évasif en m'entraînant vers sa voiture. Bon, il faut qu'on y aille, à bientôt !

Il démarra en hâte.

— Qui est-ce ? demandai-je. Une ancienne petite amie ?

— Pas tout à fait, répondit-il. Nous sommes sortis ensemble plusieurs fois, mais on ne peut pas dire qu'elle était ma petite amie.

Aaron arrêta la voiture face à l'océan et

coupa le moteur. Après quelques minutes de silence, il reprit :

— En fait, je n'ai jamais vraiment eu de petite amie. Bien sûr, je suis sorti avec des tas de filles mais aucune n'a été ma petite amie officielle.

— Et pourquoi ça ?

— Je n'ai pas trouvé la bonne fille, dit-il en me fixant dans les yeux.

Il se pencha ensuite vers moi et m'embrassa très doucement. Ses lèvres avaient un goût de glace au chocolat. Je fermai les yeux et me laissai aller.

— Il se souvient de toi au jardin d'enfants ! C'est dingue ! s'écria Mary-Kate.

— Oui, c'est fou.

En rentrant à la maison après mon rendez-vous, je m'étais précipitée dans sa chambre pour tout lui raconter.

— Si tu savais ! Il est tellement mignon et attentionné !

— Et cette fille aux cheveux roux, ça ne t'a pas agacée ?

— Un peu, admis-je. Mais il lui a fait

comprendre que nous étions ensemble, ça montre bien qu'elle n'est pas importante pour lui. De toute façon elle n'était pas seule non plus...

— Tu as raison. Le fait qu'il t'ait prise par les épaules montre bien qu'il se fiche d'elle et qu'il tient à toi.

— C'est formidable ! m'exclamai-je. Aaron est le garçon qu'il me faut, j'en suis certaine. Et tout ça, grâce à ma théorie de la compatibilité ! Je suis trop géniale !

J'avais découvert cette théorie pendant un cours de math. Tout n'était qu'une question de calculs et de proportions.

Il y avait deux grandes catégories : d'un côté, celle de la personnalité et des goûts ; de l'autre, celle des objectifs et des valeurs. Ce n'étaient pas les points communs qui étaient importants mais la proportion entre les goûts et les valeurs communs !

Par exemple, Jennifer et Tom, qui étaient ensemble depuis très longtemps, n'avaient aucun goût ni valeur en commun : ils étaient à zéro partout, ce qui était l'équilibre absolu. D'après ma formule, ils étaient donc parfaitement compatibles !

J'avais élaboré un questionnaire facile à remplir et qui me permettait de faire mes calculs. Aaron en avait rempli un et son score collait au mien ! Et maintenant que nous avions franchi le cap du premier rendez-vous, je savais que ma théorie tenait la route.

— Je devrais développer les possibilités de ma théorie, dis-je en m'asseyant près de Mary-Kate. Quand on fait une découverte aussi révolutionnaire, on doit en faire profiter le maximum de gens. Tu ne crois pas ?

— Sans doute, approuva-t-elle, songeuse. Mais tu as déjà appliqué ta théorie au Click café et à peu près tous les clients ont répondu à ton questionnaire. Que peux-tu faire de plus ?

— Pourquoi se limiter au Click ? Il faut élargir notre champ d'action ! On pourrait mettre ma théorie à la disposition de tous. Sur le net, par exemple... Pourquoi pas le site web du lycée ! m'exclamai-je.

— Pas bête. Tu mettrais ton questionnaire en ligne et tous les internautes y répondraient...

Avec un programme adéquat, l'ordinateur pourrait calculer les résultats instantanément !

Cette idée était super excitante !

— Tout le monde découvrirait son âme sœur en un seul clic ! Tu te rends compte, Mary-Kate ?

— C'est génial. Et je suis presque sûre que Mme Barbour trouvera l'idée séduisante.

Mme Barbour était le professeur qui s'occupait du site du lycée. C'était une femme très raffinée et un peu intimidante, mais elle adorait Mary-Kate et appréciait son travail.

— Le truc, c'est qu'il faudrait que beaucoup de gens remplissent un questionnaire, car c'est le nombre de profils en ligne qui fera le succès du service. Comment procéder ?

— Nous ferons de la pub sur le site, suggéra Mary-Kate. Et je pourrais même écrire un article pour vanter les mérites de ton service en racontant combien de couples heureux se sont déjà rencontrés. Du coup, tout le monde voudra le tester.

— Je trouve ça passionnant !

— Eh bien, dit Mary-Kate. Je ne t'ai jamais vue dans cet état !

— Il va falloir que tu t'y fasses, petite sœur, tu as devant toi la nouvelle Ashley !

3

Ashley

— C'est quoi, ce truc jaune collé sur ton casier ? me demanda Mary-Kate alors que nous avancions dans le hall du lycée.

En me rapprochant, je découvris un petit canard magnétique sur la porte de mon casier. Une feuille de papier était glissée dessous.

— Qui t'a laissé ça ?

Moi, j'avais déjà la réponse...

Retrouvons-nous pour le déjeuner à midi.

C'était signé « Coin-Coin ».

De joie, mon cœur fit un bond. Décidément, ce garçon me plaisait beaucoup !

— Pourquoi signe-t-il « Coin-Coin » ? s'enquit Mary-Kate.

— C'est une blague entre nous, au sujet de la maternelle et de la pièce de Thanksgiving.

Mary-Kate éclata de rire.

— Vous n'en êtes qu'à votre premier rendez-vous et vous avez déjà des blagues persos !

— Je te l'ai dit, nous sommes faits l'un pour l'autre. Il n'y a pas le moindre doute, puisque ma théorie le confirme !

— Très bien, Maître Ashley ! J'ai compris que tu étais un génie. Bon, les cours vont commencer et je dois bosser ma dissertation. Je te laisse. À plus ! Et n'oublie pas de me rejoindre dans les locaux du site après !

Mary-Kate disparut en trombe. Quant à moi, je rangeai avec soin le petit mot d'Aaron dans mon sac en me disant que cette journée s'annonçait belle.

— Allons nous asseoir dehors, proposa Aaron. Il y a un coin sympa là-bas.

Il m'entraîna sur la pelouse, à l'ombre d'un grand arbre, et nous commençâmes à déballer notre déjeuner.

— Hum, ma mère fait la meilleure salade au poulet du monde ! dit-il la bouche pleine. Elle y met un tas d'épices indiennes que j'adore. Tu aimerais goûter ?

Il me tendit son sandwich et j'en pris une bouchée. C'était délicieux. On sentait le goût des amandes, des raisins et du curry.

— Très bon, dis-je.

— Tu en veux encore ?

— Non, merci. Ma salade de pâtes n'est pas mauvaise non plus, tu sais.

Je la lui fis goûter. Il la savoura un grand moment en dodelinant de la tête.

— C'est exquis, j'en veux encore, lança-t-il en ouvrant grand la bouche.

Je me sentais si bien avec lui, c'était incroyable !

— Salut, vous ! nous lança Lauren Glazer, l'une de mes meilleures amies.

Elle s'assit à nos côtés et sortit son déjeuner.

— Belle journée, non ?

Lauren était une fille pleine de charme. Elle avait de longs cheveux bruns et un visage rayonnant. Elle semblait toujours de bonne humeur, et c'était généralement le cas.

— Ça te dirait de m'accompagner chez Brittany, ce soir après les cours ? Elle doit garder Lucas et je lui ai promis d'aller lui tenir compagnie.

— Je ne peux pas, répondis-je. J'ai rendez-vous avec Mme Barbour pour le site web. J'ai eu une idée géniale. Je vais lui proposer de mettre en ligne mon service de rencontres sur le site du lycée.

— C'est super ! lança Aaron en éclatant de rire. Tu vas devenir la marieuse du net !

— Exactement ! affirmai-je. Tu remplis un questionnaire, tu cliques, et hop, tu rencontres le garçon ou la fille de ta vie !

— C'est top, approuva Lauren, mais tu crois pouvoir préparer un programme qui fasse ça ?

— Bien sûr ! Les ordinateurs peuvent tout faire. Il faut juste que je trouve quelqu'un qui s'y connaisse assez en informatique pour créer ce programme, répondis-je en jetant un regard à Aaron.

— Pas la peine de me regarder. Je n'y connais rien en informatique ! C'est ma petite sœur qui m'explique tout !

— Et pourquoi tu ne demanderais pas à Malcolm de te filer un coup de main : c'est un pro ! Il dépanne tous les ordinateurs du Click café.

À la réflexion, c'était une bonne idée. Malcolm Freeman, le serveur du Click, était un garçon très brillant. J'étais certaine qu'il pouvait m'aider. Mais pas qu'il accepterait. Il trouvait ce service de rencontres archi-stupide !

Jim Hawley pointa le nez à ce moment-là.

— Hé, Aaron ! Ça te dirait, une partie de Frisbee ?

— Ça oui ! répondit Aaron.

En se levant, il me fit un bisou sur la joue et courut le rejoindre.

— C'est dingue, fit Lauren. Toutes les filles du lycée ont essayé de capturer Aaron dans leur filet et c'est toi qui as réussi !

— Salut, tout le monde, lança Malcolm en se joignant à nous. Vous permettez que je vienne digérer mon infect déjeuner avec vous ? Je crois que je vais vomir, dit-il en faisant d'horribles bruits. Quand je pense qu'ils ont le culot d'appeler ça du hachis Parmentier !

— Pitié, Malcolm, Je suis en train de déjeuner, moi ! se révolta Lauren.

— Si tu consultais les menus de la semaine de temps en temps, tu éviterais les mauvaises surprises, dis-je, compatissante.

— On devrait te décerner un doctorat en menu de cantine, Ashley, répondit Malcolm, narquois. Ou alors une maîtrise en service de rencontres amoureuses !

Malcolm ne croyait pas si bien dire !

— À ce propos, Malcolm, je voulais te demander un truc... J'aimerais que tu me rendes un service. Pourrais-tu m'aider à mettre au point un programme pour créer un service de rencontres sur le site web du lycée ?

— Je pourrais si je le voulais, répondit-il. Manque de chance, je n'en ai pas la moindre envie !

— Je t'en prie, Malcolm, fais un petit effort. Mon service pourrait venir en aide à des centaines de lycéens solitaires !

— Dis plutôt qu'il pourrait détruire la vie de centaines de lycéens naïfs ! répliqua Malcolm.

— En tout cas, pour Ashley, ça a marché, fit remarquer Lauren.

— Et Mary-Kate a interviewé des tas de gens pour qui ça a fonctionné aussi, ajoutai-je. C'est pas ton truc, mais ça n'est pas une raison pour ne pas me donner un coup de main !

— Bon ! dit-il. Je t'aiderai. Mais tu devras me laisser glisser quelques trucs rigolos dans le programme... Du genre : faire apparaître une tête de mort quand on clique sur une personne qui n'est pas compatible ou déclencher un signal d'alarme... Des trucs comme ça, quoi...

— Pas question ! dis-je. Mais si tu m'aides, je te promets de t'apporter un bon déjeuner tous les jours pendant une semaine !

— C'est mieux que rien, fit-il, visiblement déçu.

— Un service de rencontres sur notre site... dit Mme Barbour. « LES RENCONTRES D'ASHLEY » hmmm...

Je fixai Mary-Kate. Mon cœur battait à toute vitesse. Elle me sourit, l'air confiant. Mme Barbour était directe et pratique. Le genre de femme qu'on ne voulait surtout pas décevoir. Mary-Kate la connaissait bien, mais moi, j'étais toujours un peu tendue avec elle.

— J'ai réfléchi au problème, commença Mary-Kate. On pourrait rédiger un article sur les lycéens qui ont déjà rencontré leur petit ami grâce aux « Rencontres d'Ashley ». Le genre d'article qui raconte de belles histoires d'amour réussies. Cela pourrait servir de lancement au service et inciter les gens à s'inscrire.

Mme Barbour étudia en silence le questionnaire et le graphisme que je lui proposais.

— Ça me plaît bien, finit-elle par dire. Ashley, ton idée est excellente !

Ouf ! Elle aime ! pensai-je, soulagée.

— Mais il va falloir bosser dur ! ajouta Mme Barbour. Te sens-tu prête ?

— Je suis fin prête ! m'écriai-je sans dissimuler mon enthousiasme.

Mary-Kate

— Allô, Kristen ? Mary-Kate à l'appareil.

Kristen Carson et Bob Mac Sweeney s'étaient rencontrés grâce à la fameuse théorie d'Ashley.

— Salut, Mary-Kate ! Comment vas-tu ?

— Je mène une petite enquête pour ma sœur, lançai-je en guise d'introduction. J'ai entendu dire que tu avais rencontré Bob Mac Sweeney grâce au service d'Ashley au Click café.

— Tu veux dire Bob l'Angoisse, ce minable !

Et elle raccrocha.

Je n'en revenais pas ! Ça commençait mal...

Le candidat suivant sur la liste était justement Bob Mac Sweeney. J'étais curieuse d'entendre sa version de l'histoire...

— Est-ce que tu as discuté avec Kristen ? me demanda Bob.

— Eh bien... discuter n'est pas le mot exact...

— C'est une vraie snobinarde, cette fille, une reptilophobe !

— Une quoi ?

— Une reptilophobe ! Elle déteste les reptiles. Elle m'a raconté qu'elle en rêvait la nuit et que ça la terrifiait. Alors, je me suis dit qu'il fallait l'aider, la soigner. Du coup, je lui ai présenté Bob Junior, mon boa constrictor. Quand elle l'a vu, elle s'est mise à hurler. Bob a été complètement traumatisé !

— Ton boa s'appelle Bob Junior ?

— Oui, et il est très affectueux, dit-il.

— OK. Je comprends pourquoi ça n'a pas marché entre Kristen et toi. Merci de ton aide, Bob.

— Au fait, Mary-Kate, si tu n'as rien contre les serpents, on pourrait peut-être prendre un verre un de ces soirs ?

— On verra ça. Allez, au revoir !

Bob n'était pas très futé.

Je décidai d'appeler Matt Anoki.

— Oui, j'ai eu un rendez-vous avec Alicia, me confirma Matt sans enthousiasme. Le problème, tu vois, c'est que je suis gardien dans l'équipe de foot et que c'est le genre de fille qui déteste tous les sports.

— Donc, ça n'a pas marché entre vous. Mais as-tu essayé une autre rencontre dans le cadre du questionnaire ?

— Non, en fait, je n'ai pas compris grand-chose à ce machin. Alicia et moi n'avions absolument rien en commun. C'était évident, et pourtant, on nous a mis ensemble. C'est stupide ! Ce truc est bidon.

J'appelai d'autres personnes sur ma liste. Stéphanie Duarte me dit que le garçon qu'elle avait rencontré s'était éclipsé avant le plat de résistance et n'était jamais revenu.

Bayley Lenhard, une étudiante de dernière année, s'était retrouvée face à un gamin de quatre ans de moins qu'elle ! Il avait menti dans son questionnaire. Quant à Oliver Peddy, son mystérieux rendez-vous était... un chien, une fille n'ayant rien trouvé de plus drôle que de remplir le questionnaire pour son chien...

J'avais beau faire, je ne trouvais pas un seul couple satisfait d'avoir eu recours au service de rencontres.

La théorie d'Ashley était-elle aussi géniale qu'elle le pensait ?

4

Ashley

— Alors voilà, Ashley. Je t'explique comment ça marche, commença Malcolm. Les inscrits t'envoient leur photo. Tu la télécharges ou bien ils le font eux-mêmes.

Nous étions mardi après-midi et Malcom me montrait le programme qu'il avait élaboré pour « Les rencontres d'Ashley ». Les inscrits remplissaient un questionnaire. Après ça, ils pouvaient consulter tous les autres profils déjà créés jusqu'à ce qu'ils trouvent chaussure à leur pied.

— Tiens, essaie de cliquer sur cette étoile sous laquelle est inscrit : « Ça passe ou ça casse ! » Le programme analyse le questionnaire, compare les réponses et calcule les proportions. Si le score est bon, le graphisme de « rencontre idéale » clignote, et le logo se transforme en cœur.

Il me montra. Les mots « rencontre idéale » se mirent à scintiller et un énorme cœur se mit à battre.

— C'est dément ! Mais que se passe-t-il si le score n'est pas bon ?

— Regarde. Il cliqua : une hideuse tête de mort et le mot « danger ! » clignota à l'écran.

— J'étais sûre que tu finirais par trouver un moyen de te servir de ta tête de mort, dis-je en éclatant de rire.

— Et tu n'as pas tout vu !

Il rentra un mot de passe et une fenêtre s'ouvrit.

— Cette fenêtre apparaîtra chaque fois qu'un utilisateur se connectera sur le site du lycée.

On pouvait lire le message suivant :

Si vous êtes encore célibataire et trop dégonflé pour vous lancer, si vos histoires sentimentales sont toujours des catastrophes, alors, ce service est pour vous !

Bon, voyons les choses en face, vous êtes nul. La seule personne susceptible de tomber dans vos bras ne peut être qu'un autre nul. Donc, si vous voulez découvrir votre nul à vous, n'hésitez plus et essayez « Les rencontres d'Ashley » dès lundi !

— Malcolm, tu exagères ! protestai-je. C'est une bonne idée mais il faut changer le texte.

— Ashley, tu me vexes horriblement. Je savais que tu dirais ça. Tu peux modifier le texte.

— Merci, dis-je.

Je réfléchis un moment puis j'écrivis :

Venez tester « Les rencontres d'Ashley » dès lundi ! Si vous désirez trouver l'âme sœur, la personne qui vous convient le mieux, celle qui comblera toutes vos attentes, inscrivez-vous sur le site des « Rencontres d'Ashley ». Des photos et des questionnaires y sont à votre disposition. N'hésitez plus et rendez-vous lundi !

Malcolm poussa un énorme soupir.

— Je n'arrive pas à croire que tu m'aies convaincu de t'aider à monter ce traquenard. Surtout, je t'en supplie, ne dis à personne que j'y suis pour quelque chose !

— Et pourquoi ? Je suis sûre que tout le monde va adorer.

— Je persiste à penser que ce truc est fait pour les imbéciles, continua Malcolm. Maintenant, passons aux choses sérieuses ! Que m'as-tu apporté de bon pour le déjeuner ?

— Un reste de rôti avec de la salade de pommes de terre et un petit gâteau pour le dessert, ça te va ?

— Je m'en contenterai, répondit Malcolm en attrapant le sac que je lui tendais.

Il en sortit trois petites boîtes en plastique de couleur.

— Très jolies, tes boîtes, Ashley. Je dois te les rendre ?

— Non, tu peux les garder, c'est cadeau.

Mary-Kate

— Hé, Rebecca ! Tu as cinq minutes ? Je voudrais te parler.

Rebecca Antrim faisait partie des filles qui s'étaient inscrites au service du Click café.

— Bien sûr, Mary-Kate. Qu'est-ce que je peux faire pour toi ?

— Je suis en train d'écrire un article sur les couples qui se sont formés grâce au service de rencontres. Un genre de « QUE SONT-ILS DEVENUS ? ». Et je me demandais comment ça s'était passé entre Charlie Evert et toi.

— Au départ, plutôt bien, répondit Rebecca. Je le trouvais mignon, gentil et tout, et puis les choses ont dégénéré !

— Que s'est-il passé ?

— Oh, c'est très simple, je l'ai vu manger. Un véritable porc ! Il se jette sur la nourriture comme s'il n'avait rien avalé depuis des siècles. Il s'en met partout autour de la bouche, plein la chemise, c'est répugnant ! Tu aurais dû le voir dévorer sa salade aux œufs !

Je sortis du hall à reculons en remerciant Rebecca, puis me dirigeai à grandes enjambées vers le gymnase, où était Charlie Evert.

— Il y a un truc qui ne va pas chez Rebecca, dit-il. Tu l'as déjà vue manger ?

Je fis non de la tête.

— C'est une vraie maniaque ! Elle coupe tout ce qu'elle a dans son assiette en minuscules morceaux et elle les mange un à un. Il lui faut une heure pour venir à bout d'une part de pizza ! Je t'assure qu'elle devrait aller se faire soigner !

— Merci de ton aide, Charlie, répondis-je en m'éloignant aussitôt.

Quelques mètres plus loin, je m'effondrai sur un banc. C'était la catastrophe ! J'avais interviewé une bonne douzaine de couples formés par Ashley et pas un seul n'était satisfait ! Mme Barbour allait bientôt me demander de lui rendre l'article et je ne savais pas du tout comment j'allais le boucler...

C'est alors que j'aperçus Sarah Hunter qui était en train de lire sur la pelouse. Elle formait un couple uni avec Warren Voigt depuis des années et, tout à coup, elle avait décidé de rompre. Ashley lui avait fait rencontrer Toby Washburn et cela semblait bien se passer entre eux.

Sarah, ma belle, tu ne m'échapperas pas !

J'allai m'asseoir près d'elle. Elle leva les yeux de son livre et me sourit.

— Salut, Sarah. Comment va ?

— Pas très fort, fit-elle en soupirant. Tu te rappelles ce garçon avec qui je sortais, Toby ?

Oh, non ! Ça recommence !

— Oui, je m'en souviens très bien, affirmai-je en croisant les doigts.

— Il m'a plaquée ! s'écria-t-elle en retenant un sanglot. Il a rencontré une fille à son cours de karaté et il en est tombé amoureux. Il trouve que je manque de spiritualité !

Sarah était mon dernier espoir et ce n'était qu'un cœur en mille morceaux.

— Warren me manque tellement, si tu savais ! Maintenant je comprends ce qu'il a ressenti quand je l'ai quitté. Mais il ne reviendra jamais. Il m'a dit que c'était trop tard ! Qu'est-ce que je vais faire, Mary-Kate ?

— Je parie que Warren finira par revenir. Il te fait un peu souffrir pour être sûr que tu es sérieuse, cette fois-ci. Il essaie de se protéger et je le comprends.

Une petite étincelle s'alluma dans le regard de Sarah.

— Tu as raison ! Il ne m'a pas remplacée. Il est peut-être en train de me tester...

— Laisse-lui un peu de temps, suggérai-je.

Je donnais des conseils comme si j'étais une experte en matière conjugale !

Tout cela était bien joli, mais j'avais mon article à écrire et je n'avais pas déniché le moindre couple en harmonie grâce à Ashley et à sa théorie ! Mis à part Aaron et elle, évidemment...

Ils ne pouvaient tout de même pas être les seuls !

— Alors, où en est ton article sur le service de rencontres, Mary-Kate ? demanda Mme Barbour.

La question que je redoutais.

— J'ai hâte de le lire, continua-t-elle. Ce sera un excellent lancement pour la page web « Les rencontres d'Ashley ». Nous pourrions l'appeler « Les romantiks du Click ».

— C'est un titre super, dis-je. Mais il y a un petit souci...

Mme Barbour plongea son regard pénétrant dans le mien.

— J'ai interrogé de nombreux couples et je n'en ai pas trouvé un seul qui soit uni et heureux, pas un seul ! À moins de compter Ashley et Aaron.

— Pas un seul ! répéta Mme Barbour.

— Peut-être qu'on devrait laisser tomber l'idée de l'article, suggérai-je. Personne ne voudra tester « Les rencontres d'Ashley » si je raconte cet échec dans mon papier.

— Je ne suis pas du tout de ton avis, finit par dire Mme Barbour. Les gens préfèrent les histoires dramatiques aux histoires qui se terminent bien. Je suis persuadée que ça marchera. Tu dois absolument écrire cet article, Mary-Kate !

J'avais très peur que mon article ne blesse Ashley.

— Mais... balbutiai-je, ça ne fera pas une bonne pub au site !

— Absurde, s'énerva Mme Barbour. Il vaut toujours mieux une mauvaise pub que pas de pub du tout ! Nos lecteurs vont adorer. Et si tu ne veux plus le faire, je confierai l'article à quelqu'un d'autre.

— Non, non ! Je vais l'écrire.

Le but, maintenant, était de ne vexer personne et de limiter les dégâts au minimum.

— Parfait, conclut Mme Barbour, et arrange-toi pour que ce soit prêt vendredi !

J'étais coincée. Qu'allait dire Ashley ?

— Chérie, peux-tu déchiffrer ceci ? me demanda ma mère quand je rentrai du lycée.

Elle me tendit un bout de papier sur lequel étaient griffonnées quelques lignes. C'était l'écriture d'Ashley mais les mots étaient abrégés et illisibles.

— Qu'est-ce que c'est ? fis-je à ma mère.

— Ashley a noté cela pour le dîner de ton père, mais je n'y comprends rien du tout !

J'essayai encore de lire les hiéroglyphes d'Ashley : impossible.

— Elle a peut-être eu peur que papa ne tombe dessus et le lise ? suggérai-je.

— Peut-être, répondit ma mère. Ashley se donne tant de mal pour cette soirée, et elle est tellement occupée avec sa page web pour le site ! Je lui ai dit que je m'en chargerais, mais avec tout ce que j'ai à faire au centre aéré, je ne sais pas si je vais m'en sortir !

Le centre aéré dont s'occupait maman était d'autant plus actif en ce moment qu'il était en train de s'agrandir pour accueillir plus d'enfants.

Si Ashley est trop prise, peut-être est-ce le moment de saisir ma chance et de me consacrer un peu aux autres ? pensai-je.

— Tu sais quoi, maman ? Je vais m'occuper du dîner de papa. Je ferai le menu, les courses, la cuisine et j'enverrai les invitations. Bref je m'occuperai de tout de A à Z !

Maman me lança un regard inquiet.

— Tu es sûre, ma chérie ? Tu crois que tu auras assez de temps ?

Ma mère avait besoin d'aide et je voulais vraiment la soulager.

— Ne t'inquiète pas, maman, je t'assure que j'y arriverai !

Il le faudrait bien...

5

Ashley

— Regarde-moi ce type, ricana Malcolm. Il se prend pour un top model ou quoi ?

Malcolm était penché au-dessus de mon épaule et me regardait télécharger les photos des inscrits pour la page web des « Rencontres d'Ashley ». Il me montra la photo d'un garçon brun. Ses longs cheveux soyeux flottaient au vent dans le plus pur style romantique. Pourtant, la photo n'avait pas été prise à l'extérieur.

— Il a loué une soufflerie ou quoi, pour avoir les cheveux au vent ?

— Malcolm ! dis-je en essayant de ne pas rire. Tu es prié de ne pas te moquer de mes candidats !

— Non mais écoute ça !

Il prit un questionnaire au hasard dans la pile et lut :

« Le moment que j'ai trouvé le plus gênant dans toute ma vie est celui où j'ai été élue reine du bal du lycée. Je n'aurais jamais cru que les gens m'aimaient autant ! C'était très, très embarrassant d'être populaire à ce point ! »

Je faisais des efforts surhumains pour ne pas éclater de rire. Mais je pensais qu'il était de mon devoir de prendre tous les inscrits au sérieux. Ils étaient tous mes « clients », en quelque sorte.

— Attends, Malcolm, certaines des questions ne sont pas si simples. Qu'aurais-tu répondu, toi, à celle-ci : Quel est l'instant qui t'a mis le plus mal à l'aise dans ta vie ?

— Écoute, Ashley. Personne n'est obligé de remplir le questionnaire stupide d'un service de rencontres sur le net ! Je suis assez intelligent pour m'éviter ce genre d'épreuve ! Et mes grands moments de malaise font partie de mon jardin secret, voilà tout.

Je voyais bien qu'il plaisantait, il cachait mal son envie de sourire.

— Tu devrais t'inscrire. Je suis persuadée

que tes réponses seraient les plus intelligentes et qu'une foule de filles voudraient te rencontrer.

— Comment n'y ai-je pas songé plus tôt, Ashley ! Mais c'est sûr, toutes les filles du lycée vont se battre pour rencontrer un petit bonhomme hirsute qui ne s'intéresse qu'à ses bouquins ! Les filles raffolent des types dans mon genre !

— Oui, je t'assure que les filles aiment ça.

— Tu vois, Ashley. C'est pour cette raison que je t'aime bien : tu es une grande rêveuse !

— Les fenêtres que Malcolm a rajoutées sont très efficaces, dis-je à Aaron ce soir-là, alors que nous mangions des fruits de mer dans un petit resto sur la plage. Les gens parlent déjà des « Rencontres d'Ashley » et certains candidats m'envoient même leurs notes personnelles.

— Qu'est-ce qu'ils écrivent ? demanda Aaron.

— Tiens, écoute : « Lycéenne de 3e recherche garçon entre quatorze et seize ans, mignon, branché, sympathique et extrêmement séduisant. »

— C'est clair et précis !

— Et : « Lycéen terminale, grand brun aux yeux sombres, excellent en orthographe et à l'oral, cherche fille, n'importe laquelle. »

Aaron éclata de rire.

— Ashley, tu m'en bouches un *coin* !

— Tu vas arrêter avec tes « coin-coin » stupides ! Tu ne me lâcheras donc jamais avec cette histoire ! Ça fait déjà onze ans, Aaron ! Tu pourrais laisser tomber !

— C'est que je suis tenace, comme garçon, moi.

Le serveur apporta ma commande.

— Qu'est-ce que tu as pris ? Une soupe de poisson ?

Aaron me tendit le pain et me lança négligemment :

— Tiens, mon *canard*, prends donc un morceau de pain.

— Ça suffit ! hurlai-je en explosant de rire.

— Je ne peux pas m'empêcher de te mettre en boîte, tu es si mignonne quand tu éclates de rire. Tiens, j'ai un message personnel, moi aussi : « Garçon de seconde au lycée de Bayside attend qu'une très jolie fille de son âge l'embrasse avec amour. Seules les jolies blondes prénommées Ashley seront acceptées. »

J'ai fixé les grands yeux bleus d'Aaron. Jamais je ne m'étais sentie aussi bien. Je l'ai embrassé doucement. Et ce fut le plus merveilleux des baisers.

Mary-Kate

— Tu rentres drôlement tard ! m'exclamai-je quand Ashley entra dans ma chambre ce soir-là.

À voir son sourire, je devinais qu'elle venait juste de quitter Aaron et qu'elle n'était pas encore redescendue sur terre.

— Je suis restée tard au lycée pour préparer la page web et puis je suis passée au Click pour prendre quelques questionnaires et des photos, histoire de faire un test sur le site. Du coup, je n'ai pas pu rejoindre Aaron avant 20 heures.

— Et...

— ... C'était génial ! lança-t-elle en se laissant tomber sur mon lit. Plus je le connais et plus je suis dingue de lui !

— Ah oui ? dis-je, un peu mal à l'aise.

J'avais une sale nouvelle à lui annoncer à propos des « Rencontres d'Ashley », mais je voulais d'abord lui mettre du baume au cœur.

— Vu que tu es très occupée en ce moment, Ashley, j'ai décidé de me charger du dîner pour papa.

Ashley parut sidérée.

— Tu es sûre, Mary-Kate ? Ça n'est pas vraiment ton truc, d'habitude ! En plus, toi aussi tu es très occupée !

— Je ne vois pas pourquoi je ne pourrais pas le faire, protestai-je. Les gens organisent des dîners tous les jours, tu sais.

Ashley me sauta au cou et m'embrassa.

— Merci, Mary-Kate, tu es formidable ! C'est vrai que je suis un peu débordée, mais si tu as besoin de quoi que ce soit, n'hésite pas à me le dire !

— Promis !

Maintenant les choses allaient se compliquer...

— Au fait, tu sais, l'article que je dois rédiger sur « Les rencontres d'Ashley »...

— Tu en es où ? Tu croules sous les histoires d'amour ?

— Pas trop, non, dis-je. À la vérité, le seul couple heureux que j'ai trouvé, c'est celui que tu formes avec Aaron.

Elle sursauta.

— Tu plaisantes ?

— Malheureusement non ! Je n'ai pas découvert un seul couple dont tu aies organisé la rencontre qui ait duré.

Elle s'effondra sur le lit.

— C'est affreux ! Tu es certaine d'avoir bien cherché ?

— Sûre et certaine ! J'ai dit à Mme Barbour que nous devrions laisser tomber l'idée de cet article, mais elle a refusé. Elle adore le côté dramatique de l'histoire ! Mais si tu ne veux pas que j'écrive cet article, dis-le-moi, je ne le ferai pas.

— Je ne peux pas croire que ma théorie soit fausse, marmonna-t-elle, l'air abattu. Il doit y avoir une erreur d'interprétation des résultats. Il va falloir que je retravaille tout ça.

Elle leva les yeux vers moi et me sourit.

— Tu peux écrire ton article, me dit-elle. Je préfère que ce soit toi qui le fasses.

— Je te promets que je limiterai la casse. Et comme le dit Mme Barbour : « Mieux vaut une mauvaise pub que pas de pub du tout ! »

— Je l'espère, soupira Ashley. Je voudrais tellement que mon service marche ! Il faut qu'il marche !

4

Histoires de cœurs brisés
par Mary-Kate Olsen

S'il vous est arrivé d'aller au Click café dernièrement, vous savez que ma sœur Ashley y a mis sur pied un service de rencontres pour célibataires. De nombreux lycéens sont venus remplir un questionnaire et se faire prendre en photo. Plusieurs d'entre eux ont rencontré quelqu'un, mais que sont devenus ces couples ? Le lycée de Bayside est-il rempli d'amoureux roucoulant dans les couloirs ?

Il vous suffit de regarder autour de vous pour constater que non.

Que s'est-il passé ?

Les histoires qui suivent devraient vous éclairer (certains noms ont été changés pour protéger la vie privée des protagonistes).

Histoire numéro 1 : George rencontre Lila. Elle lui plaît beaucoup mais elle lui confie qu'elle a peur des serpents. Et, vous l'admettrez, avoir peur d'un animal froid et parfois dangereux est tout à fait concevable !

Savez-vous ce que George a fait ?

Il a présenté à Lila son boa constrictor. On comprend que Lila n'ait plus jamais voulu entendre parler de George !

Cet échec n'est pas celui du service de rencontres : c'est celui de George.

Histoire numéro 2 : Quand Jane, dix-sept ans, se rend à son rendez-vous, elle découvre qu'Herman a quatorze ans. Trois ans de moins qu'elle ! Herman tenait absolument à revoir Jane, mais elle ne souhaitait pas sortir avec un garçon trop jeune pour elle. Herman avait menti sur son âge et l'histoire ne pouvait pas fonctionner. Si vous n'êtes pas honnête en remplissant votre questionnaire, les calculs de compatibilité seront faux ! Et vous ne rencontrerez pas la bonne personne !

Histoire numéro 3 : Victor, un gros goinfre, s'est comporté si salement pendant le déjeuner avec sa belle que ça a tout fait rater.

Histoire numéro 4 : Karen, elle, a donné rendez-vous à deux garçons en même temps.

Pendant qu'elle était avec Ron, l'autre garçon l'a appelée sur son portable, et du coup elle a décidé d'abandonner Ron ! Ce dernier l'a très mal pris, et on le comprend ! Là encore, la théorie d'Ashley n'y est pour rien. On ne peut pas se comporter de cette manière avec qui que ce soit.

Il faut voir les choses en face. Si vous souhaitez vous inscrire et utiliser le service de rencontres, soyez honnête et responsable. Et peut-être, alors, cela marchera-t-il.

Dès lundi vous trouverez sur notre site une version « on line » des « Rencontres d'Ashley ». Ashley a affiné sa théorie et revu les questionnaires afin de mieux vous satisfaire. Pour bien connaître ma sœur, je sais qu'elle possède une grande intuition en termes de compatibilité amoureuse et qu'elle tiendra compte de votre personnalité. Alors, n'hésitez plus, inscrivez-vous et laissez Ashley s'occuper de vous ! Vous ne serez pas déçu ! Et par pitié, NE TRICHEZ PAS *!*

Mme Barbour ne cessa de sourire en lisant mon article.

— Excellent, Mary-Kate ! Nous allons le mettre en ligne immédiatement.

Quand ce fut fait, je priai pour qu'il ne déplaise pas à Ashley. J'avais tout fait pour éviter le pire...

Ashley

— Est-ce que tu as lu l'article de Mary-Kate sur ton site ? me demanda Malcolm. C'est à mourir de rire !

— Je n'en doute pas.

Ce vendredi soir-là, au Click, je m'évertuais à améliorer encore les performances de mon service. Dès lundi, il serait en ligne. En fait, l'article ne m'avait pas fait rire autant que Malcolm, mais je remerciais Mary-Kate d'avoir mis l'accent sur les tricheries des utilisateurs et non sur mes erreurs. C'était vraiment sympa.

Je n'avais pas envisagé les choses sous cct angle. Peut-être Mary-Kate avait-elle raison, après tout ? Si les candidats s'étaient montrés malhonnêtes en remplissant mon questionnaire, je n'étais plus la seule responsable de ces échecs en série.

— Tu sais, Malcolm, à partir de maintenant, je ne mettrai plus ensemble des gens qui n'ont rien en commun. Cela évitera sans doute un grand nombre de catastrophes.

— Je le crois aussi ! approuva Malcolm. Et que fais-tu de ton histoire de facteur déterminant ? Pourquoi deux personnes qui aiment le même bouquin ou la même chanson devraient-ils être faits l'un pour l'autre ?

— J'admets que, là, j'ai fonctionné à l'instinct. Ça n'a rien de mathématique. En fait je devrais me baser sur un goût commun plus particulier, comme aimer le même film. Tu ne crois pas ?

— Très bonne idée ! s'esclaffa Malcolm.

À ce moment-là, un client s'approcha du comptoir.

— Excuse-moi, Ashley, je te laisse, le devoir m'appelle !

Je restai très tard au Click. J'appréciais ce que Mary-Kate avait fait pour moi dans son article mais ça ne suffisait pas. Je voulais que mon service fonctionne et qu'il permette de former de vrais couples ! Exactement comme celui que nous étions, Aaron et moi !

— Écoute, Ashley ! Écoute ça ! me lança Brittany alors que nous traversions le hall du lycée, le lundi matin.

— Écoute quoi ?

— Tout le monde ne parle que de ça !

Je tendis l'oreille et me rendis compte que les mots « Rencontres d'Ashley » bourdonnaient autour de moi. Au même moment, un garçon que je ne connaissais pas me croisa et lança :

— C'est Ashley ! Celle du site web !

Pas peu fière, je me suis redressée. J'étais folle de joie. « Les rencontres d'Ashley » était LE sujet de conversation de tout le lycée !

7

Ashley

— Au succès des « Rencontres d'Ashley » ! s'exclama Mary-Kate en portant un toast.

Mary-Kate, Lauren, Brittany, Aaron et moi étions réunis au Click pour fêter le lancement de mon service en ligne.

— Merci, dis-je en trinquant avec ma tasse de café. Ce n'est pas encore exactement ce qu'on appelle un succès. Nous n'en sommes qu'au début.

— Regarde autour de toi, tous les ordinateurs du Click sont connectés sur ta page, dit Brittany.

C'était vrai. Une foule de gens remplissaient le questionnaire dans l'espoir de trouver l'âme sœur.

— Écris plutôt ça, dit un garçon à son

voisin : « J'ai grandi dans les arbres, élevé par une tribu de singes. Je cherche une guenon avec une belle fourrure ! »

Le garçon tapa ce que lui dictait son copain.

— Bon, voyons si je vais trouver la guenon de mes rêves !

— Tu as vu, il prennent mon service pour une plaisanterie, fis-je en poussant Mary-Kate du coude.

Un peu plus loin, un groupe de filles installées devant un ordinateur ricanaient.

— Sincèrement, Katie, comment peux-tu croire à ce truc bidon ? Tu n'as pas lu ce qui est arrivé à Kristen ?

— Tout le monde sait que ça ne fonctionne pas ! C'est juste pour rigoler, ajouta une autre fille.

Je me suis levée et suis allée d'ordinateur en ordinateur. Tous les clients étaient connectés à mon service. Mais aucun d'entre eux ne le prenait au sérieux ! Personne ne semblait faire confiance à ma théorie !

Je suis retournée m'asseoir, folle de rage. Aaron tenta de me changer les idées en portant un nouveau toast à mon succès sur

Internet. Rien à faire. Je n'étais plus d'humeur à fêter quoi que ce soit !

— Comment voulez-vous que ça marche si personne n'y croit ? bougonnai-je.

— Tu te rends compte, Ashley. Il y a un type là-bas qui cherche une petite copine extraterrestre ! me lança Malcolm, mort de rire.

Mary-Kate lui jeta un regard furibond.

— Ne t'inquiète pas, me souffla-t-elle. Je suis certaine que, d'ici peu, ils voudront tester ton service pour de bon. Ils ne résisteront pas !

— Mon service fonctionne et ma théorie tient la route ! C'est énervant, à la fin ! m'emportai-je. Je le prouverai d'une manière ou d'une autre, tu verras !

Je savais comment démontrer que ça pouvait fonctionner. Malcolm était le cobaye idéal. Si j'arrivais à trouver une fille pour Malcolm, personne ne mettrait plus en doute l'efficacité de ma théorie et je tiendrais mon succès !

— Qui vient faire un tour à la plage ? lança Lauren.

— Sans moi, répondis-je. J'ai encore un truc à faire ici.

Tout se monde se leva pour partir. Aaron m'enlaça et me dit doucement :

— Allez, Ashley ! Viens avec nous et ne t'en fais pas trop, je suis certain que ça finira par marcher.

— Oui, et je crois que j'ai une idée pour ça, mais j'ai besoin de rester seule un moment, répondis-je.

— Bon, d'accord. On va au ciné, après ?

— Oui, bien sûr, à tout à l'heure.

Ils partirent et je restai seule à observer Malcolm qui lavait des verres derrière son comptoir.

Comment m'y prendre ? Il va dire non, c'est sûr ! Il faut que je sois ferme et décidée. Je dois réussir, quels que soient les obstacles à franchir !

Je m'avançai d'un pas décidé vers Malcolm.

— Malcolm, j'ai besoin de ton aide, dis-je.

— Encore ! gémit-il. Tu veux que je nettoie ton disque dur, que je tonde ta pelouse ou quoi ?

— Rien de tout ça. C'est beaucoup plus sympa, affirmai-je.

— Quelle bonne blague ! fit-il, narquois. Vas-y, explique-toi !

— Voilà : je sais que ma théorie fonctionne. C'est grâce à elle que j'ai trouvé Aaron, l'homme de ma vie. Tu dois m'aider à le prouver.

— Je ne vois pas comment ! Je n'y crois pas non plus, à ton truc !

— Raison de plus pour te prêter à une petite expérience !

— Quel genre ? demanda-t-il, soudain méfiant.

— Remplis un questionnaire et je trouverai la fille qui te convient.

— Laisse tomber !

— Allez, Malcolm ! Qu'est-ce que tu as à perdre ?

— Ma dignité, tout simplement ! Et ma santé mentale par-dessus le marché !

— Tu as la trouille, c'est tout ! Si je te déniche une fille qui te plaît, est-ce que ce sera si pénible que ça ?

— Peut-être pas, admit-il. Mais ça n'arrivera pas. Alors pourquoi irais-je m'ennuyer à remplir ton sacré questionnaire ?

— Disons... pour que je sache une bonne fois pour toutes que tu avais raison et que ma théorie ne tenait pas debout.

Une lueur d'intérêt s'alluma soudain dans son regard. Je savais que c'était un argument qui ferait mouche. Mais il refusa.

— Non. Je n'ai pas besoin d'entrer dans le processus juste pour te prouver que tu as tort. Je sais déjà que tu as tort.

— Alors, tu ne veux pas m'aider, fis-je, déconcertée. Je t'en prie, Malcolm !

— Si je remplis ce formulaire, tu me promets de ne plus me casser les pieds après ?

— Promis-juré !

— Bon, ça va ! Seulement je te préviens, je n'irai à aucun rendez-vous !

— Tu le rempliras avec honnêteté, sans plaisanter ?

— Oui, très sérieusement, c'est dit !

— Merci, Malcolm, merci ! Tu ne le regretteras pas, je t'assure !

— Ça, je n'en suis pas certain !

Mary-Kate

Je venais de terminer ma dissertation de français et j'avais un peu de temps devant moi pour me consacrer à la préparation du dîner de mon père avant que Lauren ne me rejoigne pour réviser l'interro d'histoire.

J'étais assise sur mon lit, l'ordinateur sur les genoux et un livre ouvert sous les yeux, intitulé : *Faites la fête avec Dori Weiss*. Je l'avais acheté en pensant que ça pourrait m'être utile pour organiser cette soirée. Dori Weiss était la spécialiste télé des réceptions et soirées en tous genres.

« Avant d'organiser votre fête, posez-vous les questions suivantes :

– Que fêtez-vous ?

J'ai tapé la réponse sur mon ordinateur : Nous fêtons la promotion de mon père.

– Pour qui est cette soirée ?

Mon père.

– Qui seront les convives ?

Maman, papa, moi, Ashley, tante Tess, oncle jack et les amis de travail de papa, Dave Kramer et sa femme, Beth Twichell et son mari. J'y ai ajouté une note : demander à maman de me communiquer les adresses et numéros de téléphone des Kramer et des Twichell.

J'ai sauté le reste des questions pour passer au chapitre consacré aux idées de plats.

– Votre dîner est-il destiné à une personne en particulier ? Si oui, pourquoi ne pas prévoir de confectionner des plats en fonction des goûts de cette personne ?

Excellente idée ! J'ai tapé la liste de tout ce que papa adorait manger :

– Sardines
– Guacamole
– Foie gras
– Crevettes à la diable
– Burritos à la viande
– Épices
– Curry thaï
– Saucisses
– Céréales
– Glace au beurre de cacahuètes

Papa est un bon vivant qui aime plein de choses très différentes n'ayant aucun rapport entre elles, me dis-je.

Cela étant, c'est sa fête et je ferai donc en fonction de ses goûts !

« Quelle meilleure façon de fêter quelqu'un que de fabriquer un buste à son effigie ! Et pourquoi pas un buste en fruits et légumes ? Une tête en forme de laitue, des yeux de myrtilles, une carotte en guise de nez et une bouche-tomate. Soyez créatifs ! Quelques sauces autour de votre œuvre et, le grand jour venu, tout le monde se régalera ! »

J'étais morte de rire ! Mon père en fruits et légumes ? Ce serait drôle et sympa. Je pourrais faire ses cheveux en épluchures de pommes de terre. Pour les sauces, j'ai compulsé les recettes que Dori proposait et me suis mise à faire une liste de courses :

– Douze gousses d'ail

– Dix piments rouges

Ce dîner sera relevé ! Papa adore ça !

8

Ashley

AUREZ-VOUS LE « DÉCLICK » ?

QUESTIONNAIRE DES « RENCONTRES D'ASHLEY »

PREMIÈRE PARTIE : QUI JE SUIS

NOM : Malcolm Freeman

ÂGE : 16 ans

CLASSE : première

LYCÉE : Bayside

PASSIONS ET CENTRES D'INTÉRÊT : la lecture, l'horticulture, les curiosités médicales, l'herpétologie, les Klaxons français, le thérémine, la cuisine à travers les âges, les drapeaux et hymnes nationaux, les troubles du comportement, les ampoules électriques, les papillons de nuit, la génétique, les courses de chiens et le sport (javelot, curling, luge et lutte mexicaine)...

Cette liste n'en finit pas ! me dis-je.

J'étais installée dans les bureaux du site du lycée et nous étions mardi. Je décidai de mettre fin à ma lecture juste après « collection de lunettes à rayon X ».

OK, Malcolm, j'ai compris !

LES CHOSES QUE JE PRÉFÈRE

Livres (en bref) : *Le New Jersey inconnu et ses alentours*, *Guenièvre et Lancelot*, *Les patronymes européens du Moyen Âge*

Film : *Plan 9* d'Ed Wood

Groupes musicaux : Monty Zweeben et son Klaxon français, et tous les orchestres avec la participation exceptionnelle de Mona Duval au thérémine

Chanson : *Dur d'être un bébé*

Couleur : carmin

Plat : la pizza

Matière : le français

Professeur : Mr Danvers

Peintre : Holbein le Jeune

Acteur : Bugs Bunny

Actrice : Brigitte Bardot

Émission télé : les rediffusions de Casimir

Animal : le paresseux

Période historique : de 1766 à 1776, soit les dix ans qui précédèrent la révolution américaine

Manière de perdre son temps : regarder ma copine Ashley s'évertuer à former de pauvres couples ringards

Ça ne va pas être facile, songeai-je. Mais il y a sûrement quelque part une fille faite pour Malcolm et je dois la trouver coûte que coûte ! Au moins, il aime la pizza. C'est déjà ça ! En revanche, *Dur d'être un bébé* n'est pas la chanson favorite de tout le monde !

J'ai rentré les réponses de Malcolm dans le programme et les ai testées sur des profils de filles. Mais il n'avait rien en commun avec aucune d'entre elles. Et dire qu'en remaniant ma théorie, j'avais décidé que l'absence totale de facteurs communs n'était plus un critère de compatibilité !

Du coup, je repensai à mes vieux carnets du Click, je pouvais peut-être y trouver quelqu'un qui ne se serait pas encore inscrit sur le site ?

J'ai foncé, je me suis installée à une table loin du bar pour que Malcolm ne voie pas ce que j'étais en train de faire. J'œuvrais pour la survie des « Rencontres d'Ashley ».

Quel genre de fille pourrait bien s'intéresser à un type aussi étrange et quelle fille plairait à Malcolm ?

Il fallait qu'elle soit intelligente et qu'elle s'intéresse à plein de choses comme lui. Mais elle n'était pas obligée de se passionner pour des trucs aussi bizarres que les courses de chiens !

J'ai très vite éliminé les pom-pom girls et écervelées en tous genres dont Malcolm n'aurait fait qu'une bouchée, ainsi que les grosses têtes boutonneuses qu'il aurait trouvé ennuyeuses. Et puis, je suis tombée sur ELLE ! La fille parfaite. Celle qui ferait chavirer Malcolm ! Presque la fille idéale.

Elle s'appelait Alexis Byrne. Plutôt mignonne, remarquai-je en observant sa photo. Ses longs cheveux bruns étaient un peu ternes et ses lunettes pas très branchées, mais avec un petit coup de pouce, elle pouvait devenir vraiment mignonne.

J'ai fixé Malcolm à l'autre bout de la pièce. Il n'était pas non plus Brad Pitt et je n'étais pas certaine qu'il soit vraiment intéressé par le look des filles.

Elle aimait lire, comme Malcolm, mais aussi composer des poèmes et collectionner les cartes postales des années 40. Elle s'intéressait de près aux avancées de la science et, en particulier, de la biologie. Son livre préféré était les œuvres complètes de Shakespeare.

Ça pourrait coller, me dis-je. Elle se passionne pour tout un tas de choses, comme Malcolm, et elle est visiblement intelligente.

J'ai continué à lire son questionnaire. À la question : pourquoi gagnez-vous à être connu ?, elle avait répondu : C'est plutôt moi qui devrais savoir ce que je vais gagner à vous connaître !

Quel est votre but cette année ? Faire en sorte que mon année scolaire se passe le mieux possible.

Qui recherchez-vous ? Un type bien qui ne se prend pas la tête.

Tout ça me semble très prometteur, songeai-je en me dirigeant vers l'ordinateur le plus proche. Je sens qu'on touche au but !

J'ai entré son profil et cliqué sur l'icône pour connaître la réponse de mon programme. Le cœur ou la tête de mort... le cœur ou la tête de mort... le cœur ou...

Un énorme cœur apparut à l'écran !

Cette fois-ci, je la tenais !

Il fallait que je garde mon calme. Je ne voulais surtout pas alarmer Malcolm. Le plus dur restait à faire : le convaincre.

Doucement, Ashley, me dis-je. C'est une opération délicate. Fais preuve de tact et de délicatesse.

— Alors, Malcolm, quoi de neuf ?

— Qu'est-ce qui t'arrive, Ashley ? C'est quoi, cet air innocent tout à coup ?

Malcolm n'était pas un idiot et je devais m'y prendre autrement.

— C'est très simple : je crois que j'ai trouvé une fille qui pourrait te plaire. Si j'en crois mon service, c'est presque la fille parfaite !

— Oh, pitié, Ashley, laisse tomber !

Je lui ai tendu la photo d'Alexis. Il l'a regardée un instant et j'ai cru voir dans ses yeux une étincelle d'intérêt.

— Ashley, rappelle-toi, je t'avais dit que je ne rencontrerais aucune fille.

Il est intéressé, je le sais, me dis-je. Il est tout simplement trop timide et il faut le pousser un peu.

— Mais si tu ne le fais pas pour toi, fais-le au moins pour moi, Malcolm, répondis-je. Je dois prouver que ma théorie est exacte et tu peux m'aider.

— J'aurai l'air ridicule, dit-il en jetant un nouveau coup d'œil à la photo d'Alexis. J'ai déjà rempli ton questionnaire, ça ne te suffit pas ?

— Tente ta chance, Malcolm ! Après tout tu n'as rien à perdre. Si tu es sûr que j'ai tort et que tu as raison, prouve-le ! Tu n'auras qu'à sortir avec Alexis une seule fois. Et si elle ne te plaît pas, tu n'auras plus jamais à la revoir et tu prouveras définitivement que mon service de rencontres est bidon !

Je brandissais la photo sous ses yeux et il semblait désarçonné.

Cette fois, je le tiens ! Il veut la rencontrer. Il suffit que je parvienne à le lui faire admettre.

— Et il se passe quoi, si je tombe amoureux ? demanda-t-il.

— Eh bien, ce sera génial ! Tu n'auras plus qu'à continuer à sortir avec elle ! Tu vois, tu es gagnant sur tous les tableaux !

— Si ça ne marche pas entre elle et moi, tu admettras que ta théorie n'est qu'une vaste blague ?

— Évidemment !

— Alors, d'accord. Je ne peux pas croire que je suis en train de dire ça, mais c'est d'accord. Je sortirai avec Alexis. Rien qu'une fois.

C'était gagné ! Je jubilais, mais encore fallait-il convaincre Alexis de sortir avec Malcolm...

9

Ashley

— Tu crois que c'est elle ? demanda Mary-Kate en désignant une fille brune aux cheveux longs et ternes avec des lunettes à grosse monture noire.

Elle portait une jupe informe qui lui arrivait à mi-mollets et un chemisier blanc démodé. J'ai comparé la photo et la fille que j'avais sous les yeux : pas de doute, c'était elle.

— Ellc pourrait quand même faire un tour chez le coiffeur et se lancer dans un peu de shopping ! Elle serait plutôt pas mal sans ses lunettes, me souffla Mary-Kate.

— Je me disais exactement la même chose. Tu crois qu'elle plaira à Malcolm ?

— Qui sait ? Malcolm est capable d'aimer

ou de détester les gens et les choses les plus inattendus !

J'ai rangé mon carnet dans mon sac.

— Cette fois, il faut que j'y aille. Souhaite-moi bonne chance !

— Tu n'as pas besoin de chance, tu as ton infaillible théorie ! me lança Mary-Kate.

— Très drôle !

— Je ne plaisantais pas. Aie confiance en toi, Ashley !

— Merci. Je suis un peu trop susceptible ces derniers temps.

J'ai foncé à travers la cour en direction d'Alexis.

— Excuse-moi, tu es bien Alexis Byrne ?

Elle fit signe que oui.

— Et toi, tu es Ashley Olsen. J'ai vu ta photo sur le site du lycée.

— Oui, c'est bien moi, répondis-je en souriant. Voilà. J'ai retrouvé ton questionnaire et j'ai décidé de me charger personnellement de toi.

— Tu es sérieuse ? Je suis très touchée, Ashley, merci !

Il y avait un soupçon de sarcasme dans sa réponse et je ne m'attendais pas à ça.

— Heu... En fait je crois bien avoir trouvé le garçon idéal pour toi, dis-je, légèrement décontenancée.

Elle sembla s'animer un peu.

— Ah oui, et qui est-ce ?

— Malcolm Freeman. Tu le connais ?

— Non, je ne crois pas. Le nom me dit quelque chose mais... À quoi ressemble-t-il ?

Je ne savais pas trop quoi dire. Je trouvais Malcolm plutôt mignon dans son genre, mais ça n'était pas tout à fait un top model.

— Voyons... Il est mince... *maigre*. Il a les cheveux châtains avec une mèche sur les yeux comme certaines rock stars... *Ou plutôt comme tous les types d'une timidité maladive qui se cachent derrière leur frange*. Il est assez pâle. Mais tu as déjà dû le voir au Click, c'est le serveur !

— Ah oui, ce type qui fait les cafés derrière son comptoir ! C'cst lui, le garçon idéal ?

— Exactement ! dis-je avec le plus d'enthousiasme possible.

Je voulais qu'elle y croie mais elle ne semblait pas très convaincue. Aussi décidai-je de l'aider un peu.

— Si ça te gêne de sortir seule avec Malcolm, on peut organiser une sortie à quatre. Toi, Malcolm, mon petit ami et moi.

— Ton petit ami et toi ? Mais qui est ton petit ami ?

— Aaron Moore.

— Tu sors avec Aaron Moore !

Je compris aussitôt qu'elle voyait très bien qui était Aaron. Aucune fille du lycée n'ignorait qui était Aaron.

— C'est tout récent, oui. Tu sais, je suis certaine que tu vas adorer Malcolm. J'ai appliqué ma théorie à vos deux profils et c'est très prometteur !

Alexis ne répondit pas tout de suite. Elle semblait réfléchir.

— OK. Pourquoi pas ? finit-elle par dire. Je veux bien sortir avec Malcolm Freeman !

— Super ! On pourrait se retrouver au Click après les cours, comme ça je te présenterai Malcolm, qu'en dis-tu ?

— Bonne idée. Alors à tout à l'heure !

Je tournai les talons et fis un clin d'œil à Mary-Kate qui ne m'avait pas quittée des yeux.

— Elle a accepté ! Je suis sur la voie.

— Bravo ! Tu vas définitivement prouver que ta théorie de compatibilité marche ! Maintenant, Malcolm et Alexis n'ont plus qu'à tomber amoureux l'un de l'autre. Un jeu d'enfants en somme ! me lança-t-elle, cynique.

— Oui, bon ça va, je sais ! Mais imagine que ça marche. Je serais si heureuse pour Malcolm !

— Ashley, c'est trop excitant ! s'écria Lauren en trépignant.

— Chut, tais-toi ! Tu vas rendre Malcolm méfiant.

— Désolée, souffla Lauren.

— C'est passionnant, cette histoire ! ajouta Mary-Kate.

— Je ne raterai pas ça pour un empire ! reprit Brittany.

Lauren, Brittany, Mary-Kate et moi nous étions donné rendez-vous au Click pour assister à la rencontre de Malcolm et Alexis. J'avais un peu peur que notre présence n'intimide Malcolm. Il était clair que nous n'étions pas là par hasard. Mais, après tout, le Click était un lieu public et ouvert à tous.

— Tu as vu, il ne quitte pas la porte

d'entrée du regard, me fit remarquer Brittany. Il ne fait jamais ça d'habitude, non ?

— Fichez-lui la paix, à la fin ! Arrêtez de l'observer comme s'il était une bête curieuse ou je ne sais quoi !

— Tu es encore pire que nous, me lança Brittany. Tu sursautes comme une puce chaque fois que la porte s'ouvre.

— C'est parce que je dois accueillir Alexis quand elle arrivera, voilà tout, mentis-je.

Alexis entra enfin. Elle avait attaché ses cheveux et s'était mis du gloss.

— Elle s'est faite belle pour rencontrer Malcolm, chuchota Lauren. C'est très bon signe !

Je me précipitai pour rejoindre Alexis.

— Salut, Alexis, tu es ravissante !

— Merci, fit-elle, un peu crispée, comme si elle ne croyait pas à mon compliment.

Il était pourtant sincère.

Je l'ai conduite jusqu'au bar. Malcolm faisait semblant d'astiquer quelque chose.

— Malcolm, j'aimerais te présenter Alexis Byrne.

Il la fixa à travers sa longue et sombre frange.

— Salut, dit-il. Ravi de te rencontrer !

— Moi aussi, Malcolm, répondit Alexis en se hissant sur un tabouret. J'ai lu ton questionnaire sur le site et il est de loin le plus intéressant de tous !

— Je suis flatté, s'esclaffa Malcolm, visiblement troublé.

— Bon. Je vous laisse discuter un peu tous les deux, dis-je en rejoignant la table que Mary-Kate avait choisie avec soin pour ne rien perdre du spectacle.

— Pourvu que ça colle, murmurai-je en feuilletant d'un air négligeant un magazine. Je pense que je vais lire un moment, suggérai-je. Et vous, les filles ?

Brittany sortit un livre de son sac et se plongea dedans.

— Quoi de plus captivant qu'un bon bouquin ! ironisa-t-elle.

Mary-Kate et Lauren se jetèrent sur une pile de magazines. Nous nous cachions derrière nos lectures respectives pour écouter ce que se disaient Malcolm et Alexis.

— Hmm, alors, comme ça, tu te passionnes pour plein de choses, commença Alexis. C'est la première fois que je rencontre quelqu'un qui apprécie la lutte mexicaine !

— C'est parce que tu n'es jamais allée à Mexico, répondit Malcolm. Là-bas, beaucoup de gens adorent ça !

— J'imagine, oui.

J'ai jeté un œil dans leur direction. Malcolm se cachait toujours derrière sa frange. Mais montre-toi, imbécile ! Ne sois pas si timide !

Heureusement, Alexis ne se laissa pas abattre.

— Et qu'est-ce qu'un thérémine, au juste ? Une sorte d'instrument de musique ?

Malcolm hocha la tête.

— Oui, c'est un Russe qui l'a inventé. Ça produit un son électronique et on le module en rapprochant plus ou moins les mains de deux grandes antennes.

— Mais il ressemble à quoi, ce son ?

Malcolm balaya sa frange. Il avait l'air très surpris d'avoir affaire à quelqu'un qui s'intéressait au thérémine.

— C'est très étrange, comme un son venu d'ailleurs. On s'en est beaucoup servi dans les films de science-fiction des années 1950.

— C'est fou ! s'enthousiasma Alexis.

Elle attrapa un livre posé sur le comptoir et lut le titre à haute voix :

— *La vie secrète des plantes*. C'est ce que tu lis en ce moment ?

— Hmm, oui.

— Je l'ai lu au printemps dernier et j'ai adoré ! commenta Alexis. Ce bouquin m'a beaucoup inspirée et j'ai écrit toute une série de poèmes là-dessus. J'en suis même arrivée à croire que les plantes ont de vrais sentiments et de vraies sensations.

Une intense lueur d'intérêt éclaira le regard de Malcolm.

— Il est scotché ! glissai-je à Mary-Kate. Cette fois, on est sur la bonne voie !

Malcolm se pencha vers Alexis.

— Je suis sûr que les plantes ont des sentiments, dit-il. Elles sont vivantes, comme nous. Pourquoi seraient-elles différentes ?

Alexis toucha presque le visage de Malcolm en se rapprochant.

— Tu es spécial comme garçon, tu sais ? Avec toi, je peux discuter un peu comme si j'avais trouvé mon âme sœur.

Wahouu !!! Pas si vite, Alexis, me dis-je. Tu vas lui faire peur et il va filer.

Mary-Kate était sidérée. Quant aux filles, elles pouffaient de rire. Puis Malcolm nous épata pour de bon.

— Je ne sais pas si je suis un garçon à part, mais toi, c'est certain que tu n'es pas une fille comme les autres ! Ça te dirait qu'on se voie, demain soir ?

Je n'en revenais pas ! Les choses prenaient une tournure que je n'aurais même pas osé espérer. Malcolm venait d'inviter Alexis à sortir avec lui !

10

Ashley

— Tu as entendu ça ! me chuchota Lauren, surexcitée.

Immobiles derrière nos magazines, nous retenions notre souffle en attendant la réponse d'Alexis.

— Demain soir ? Avec plaisir !

Elle attrapa un bout de papier sur lequel elle griffonna quelque chose.

— Tiens, voilà mon numéro de téléphone. Tu n'auras qu'à m'appeler, dit-elle en tendant le papier à Malcolm.

Elle descendit de son tabouret, se tourna vers notre table.

— Salut, les filles ! lança-t-elle avant de quitter le bar.

— Bye, Alexis, répondis-je. On se voit au lycée demain !

Nous étions sidérées. Mais je n'osais pas encore regarder Malcolm de peur de me trahir. J'aurais hurlé de bonheur !

— Alors, les filles, vous voilà bien calmes ! Je croyais que vous étiez du genre à papoter sans arrêt de tout et de rien. Que vous arrive-t-il ?

— Encore un macho qui croit que les filles sont toujours en train de bavasser ! s'exclama Brittany. Figure-toi que nous avions un débat de fond. Nous nous demandions si, oui ou non, les plantes avaient des sentiments.

— Brittany, s'il te plaît ! lui lançai-je en lui assénant un coup de pied sous la table.

— Ben, quoi ? fit-elle, l'air innocent.

Je quittai la table pour rejoindre Malcolm.

— Alors, comment ça s'est passé ?

— Comme si tu ne le savais pas !

— Elle te plaît ?

— Ça peut aller, dit-il avec un demi-sourire.

À ce moment-là, je compris qu'elle lui plaisait vraiment.

Mary-Kate

— Mary-Kate, tu aurais une minute ? me demanda Ashley. Je suis si énervée que je n'arrive pas à me concentrer sur mes devoirs !

— Entre, dis-je en refermant mon livre d'histoire. Je crois que je peux faire une pause.

Elle s'assit sur mon lit.

— C'est la preuve, commença Ashley. La preuve irréfutable que ma théorie est tout à fait géniale ! La première fille que je trouve pour Malcolm est la bonne ! Il est totalement sous le charme, tu ne crois pas ?

J'hésitai un moment avant de lui répondre. Quelque chose me gênait chez Alexis. Impossible de savoir quoi, mais j'étais troublée. Cependant, je ne voulais pas gâcher le plaisir d'Ashley. Je savais l'importance qu'elle attachait à cette rencontre et je précisai ma pensée.

— Elle a l'air de l'apprécier, c'est vrai. Mais n'en tire pas de conclusions trop vite ! Laisse faire le temps, Ashley. Ils ne se sont vus qu'une seule fois !

— Je suis sûre que ça va marcher, je le sens ! glapit Ashley en bondissant sur mon lit.

— Je le souhaite, dis-je en soupirant.

Elle me fixa.

— Enfin, Mary-Kate, qu'est-ce qui ne va pas ?

— Rien, c'est juste que je n'arrive pas bien à cerner Alexis. Il y a quelque chose qui me chiffonne. Je la trouve bizarre.

— Malcolm aussi est un peu étrange, c'est justement pour ça qu'Alexis et lui s'entendent si bien, et que ma brillante théorie les a fait se rencontrer ! Et c'est aussi pour ça que ça ne peut pas rater !

— Tout ce que je dis, c'est : Ashley, ne t'emballe pas !

— Je te parie que Malcolm et Alexis vont tomber amoureux l'un de l'autre. Si je gagne, tu me laisses profiter de la Mustang pendant une semaine, et si je perds, c'est toi qui l'auras. D'accord ?

— Ça marche ! Même si je n'aime pas

l'idée de parier sur le malheur de Malcolm. Au fond, j'espère vraiment que ce sera la fille idéale pour lui.

Les yeux d'Ashley s'arrêtèrent sur *Faites la fête avec Dori Weiss*, posé sur ma table de chevet.

— Comment se passent les préparatifs de la fête pour papa ?

— Heu... très bien !

En réalité, je n'avais encore rien fait du tout. J'avais parcouru le livre, noté quelques idées sur mon ordinateur, point barre !

— Tu as envoyé les invitations, j'espère ? Le dîner est prévu pour la semaine prochaine !

— Je sais ! Ne t'inquiète pas, tout est sous contrôle.

Mentalement, je notai de ne pas oublier d'envoyer les invitations dès qu'Ashley aurait quitté ma chambre.

— Et pense à commander les fleurs et les gâteaux !

— C'est prévu !

Et trouver le fleuriste et le pâtissier demain matin !

— Alors, Ashley, me lança Malcolm, qu'est-ce que tu m'as apporté pour le déjeuner aujourd'hui ?

— De la dinde rôtie dans un petit pain aux raisins avec de la sauce aux airelles. Ça te va ?

— C'est parfait, dit-il en déballant le sandwich.

— Tu sors avec Alexis, ce soir ?

Je ne voyais pas de raison de tourner autour du pot.

Il fit oui de la tête.

— Nous allons à une conférence à l'université sur les apports de l'électricité dans notre civilisation.

— Très intéressant, dis-je. Et comment vas-tu t'habiller ?

— Heu... Je ne sais pas, dit-il, un peu décontenancé. En tout cas, je n'irai pas nu comme un vers.

— Je veux juste m'assurer que tu te sentiras à l'aise pour ton rendez-vous.

— Si je voulais me sentir complètement à

l'aise, j'éviterais d'aller au moindre rendez-vous !

— Arrête ! Tu vois très bien ce que je veux dire.

— Non, Ashley, je suis désolé, mais je ne vois pas du tout ce que tu veux dire. Tu m'expliques ?

Je ne savais pas si je devais lui parler franchement ou non. Au fond, je n'étais pas sûre que Malcolm ait eu beaucoup de rendez-vous avec des filles avant celui-là.

— Tu crois que je n'ai jamais eu de rendez-vous avec une fille, c'est ça ? Eh bien, tu te trompes et je peux me passer de tes conseils !

— Avec qui es-tu déjà sorti ? demandai-je.

Je ne l'avais jamais vu avec qui que ce soit.

— Une fille, figure-toi !

— Allez, Malcolm, dis-le-moi !

— Inutile, tu ne la connais pas.

— OK. Où êtes-vous sortis ?

— Nous sommes allés danser.

— Où ça, au lycée de Bayside ?

— Non, c'était dans son école, à Sainte-Marie.

— Bon, ça va, Malcolm, dis-moi qui c'était !

— Maggy.

— Maggy comment ?

— Maggy Freeman.

Je pris l'air étonné.

— Elle porte le même nom de famille que toi ?

Malcolm froissa rageusement l'emballage de son sandwich et le lança sur la table.

— C'est ma cousine. Tu es contente ? Elle n'avait personne pour l'accompagner au bal de fin d'année et ma mère m'a demandé de l'y emmener. C'est la seule fois où je suis sorti avec une fille. Ça te va ?

— Désolée, Malcolm. Je ne voulais pas te harceler...

— Eh bien, on ne le dirait pas ! s'exclama-t-il en éclatant de rire. Tu sais, je suis capable d'être cool et décontracté quand je veux ! Tu me prends pour un imbécile ou quoi ? Tiens, regarde !

Il déboutonna le col de sa chemise et tourna les talons. En s'éloignant, l'air « cool et décontracté », il renversa une chaise de la cafétéria et tous les regards se tournèrent vers lui.

Malcolm ramassa tranquillement la chaise et me fit un clin d'œil.

Puis il sortit.

C'est cela, oui... me dis-je. Le jour où tu seras « cool et décontracté », les poules auront de grandes canines !

11

Ashley

— Tu cherches qui, Ashley ? me demanda Aaron.

Nous étions jeudi matin et je scrutai le hall du lycée à la recherche de quelqu'un qui avait eu son premier vrai rendez-vous la veille au soir.

— Je cherche Malcolm, j'ai hâte de savoir comment s'est passé son rendez-vous d'hier soir.

— À mon avis, ça promet ! s'esclaffa Aaron.

— Aaron, ne te moque pas de Malcolm !

— Je ne me moque pas. Je me disais juste qu'il aurait sûrement plein de trucs à te raconter. Je compte sur toi pour me résumer tout ça au déjeuner.

— Promis, répondis-je. À moins que Malcolm ne déjeune avec nous. Dans ce cas, il te racontera lui-même.

— À plus tard ! me lança Aaron en s'éclipsant.

Je finis par apercevoir Malcolm à l'interclasse ; nous avions tous les deux une quinzaine de minutes de libre.

— Alors, comment ça s'est passé ?

— Plutôt bien, me dit-il, caché derrière sa frange.

— Raconte !

— Nous sommes allés à la conférence et ça lui a beaucoup plu. En tout cas elle ne s'est pas ennuyée à mourir et je crois qu'elle était sincère. Ce qui est dingue avec elle, c'est que je peux discuter de n'importe quoi, même de l'histoire des ampoules électriques à travers les âges, sans que ça lui paraisse bizarre ou ennuyeux !

Il était radieux ! Quant à moi, je savourais mon triomphe. Malcolm était amoureux d'Alexis !

— Tu la revois quand ?

— Heu... en fait, rien n'est sûr. Elle m'a dit qu'elle passerait peut-être me voir en fin d'après-midi au Click.

— Génial ! J'y ferai sans doute aussi un saut avec Mary-Kate.

— Comme ça, vous pourrez encore m'espionner !

— Allons, Malcolm ! Ça n'a rien à voir avec toi et Alexis. Malheureusement pour toi, tu fais un excellent café ! On se fiche pas mal de ta petite copine !

— Elle n'est pas ma petite copine !

— Pas encore, répondis-je avec malice.

— Bon. Je file. À tout à l'heure.

J'ai regardé Malcolm s'éloigner et je lui ai trouvé une allure différente. Plus cool et décontractée...

Ma théorie pouvait donc même transformer les gens !

— Zut, il est presque cinq heures ! s'exclama Mary-Kate. Il va falloir que je rentre à la maison pour choisir le menu du dîner de papa.

— Tu n'as pas besoin d'un coup de main ?

— Non, non, ça va, je gère, t'inquiète !

Nous étions au Click. Pour l'instant, Alexis ne s'était pas montrée.

— Tu crois qu'elle va venir ? Malcolm a l'air désespéré, dit Mary-Kate.

— Non, c'est son air normal. De toute façon, Alexis ne lui a rien promis. Elle a peut-être eu un empêchement.

— C'est possible.

— Je vais lui parler.

Je m'approchai du comptoir.

— Ça va, Malcolm ?

— Ça va, fit-il, maussade.

— Tu devrais appeler Alexis. Comme ça tu saurais si elle veut sortir avec toi ce soir.

— Et pourquoi voudrait-elle sortir avec moi ce soir alors qu'elle ne veut pas passer au Click cet après-midi ?

— Je suis certaine qu'elle a envie de te voir. Elle n'a peut-être pas pu venir ou alors elle n'a pas osé.

— Je ne sais pas. Je n'ai pas envie d'être lourd.

— Tu n'es pas lourd, tu lui montres juste qu'elle te plaît ! Les filles adorent ça, crois-moi !

J'ai sorti mon téléphone et le lui ai tendu.

— D'accord, mais ne reste pas là à écouter. Retourne t'asseoir.

— J'y vais, j'y vais ! Il va l'appeler, soufflai-je à Mary-Kate.

Nous le regardions avec anxiété.

Je l'encourageai à voix basse : *Sois drôle, séduisant et surtout pas larmoyant !*

Il raccrocha et vint me rendre le téléphone.

— Alors ?

Le suspense était intenable.

— Ça ne vous regarde pas, les filles... dit Malcolm en souriant. On se voit plus tard dans la soirée. Nous allons observer les étoiles sur la plage avec mon télescope, ça vous va ?

— Comme c'est romantique ! m'écriai-je.

— Je te préviens, Ashley, je ne vais pas te tenir au courant de nos rencontres chaque fois.

Je fis mine de m'étrangler et de mourir dans d'atroces souffrances.

— Oh non, Malcolm ! Ne me fais pas ça, je crois que j'en mourrais !

— C'est ton problème, dit-il d'un air moqueur en retournant à son comptoir.

12

Ashley

— Je ne te donnerai aucun détail croustillant sur mon dernier rendez-vous avec Alexis avant d'avoir eu mon déjeuner ! m'annonça Malcolm.

— OK, pas de problème, dis-je en fouillant dans mes affaires. Je lui tendis une mandarine.

— C'est tout ? se désola-t-il.

Je levai les yeux au ciel et trouvai au fond de mon sac un paquet de gâteaux au chocolat.

— Ça suffira ?

— On fera avec ! dit-il en s'en emparant. Il y a du laisser-aller, Ashley. Je te rappelle que tu devais m'apporter à déjeuner pendant une semaine en échange de mon travail acharné sur ton site. Mais comme c'est le dernier jour aujourd'hui, je te pardonne.

— Tu es trop généreux, Malcolm ! m'esclaffai-je. Maintenant, raconte. Je veux tous les détails !

Il sembla un peu embarrassé.

— C'était sympa. J'ai apporté mon télescope sur la plage, et comme c'était une nuit sans lune, nous avons pu observer les étoiles dans les meilleures conditions. Je lui ai montré les constellations. Elle connaissait l'origine mythologique du nom de chaque étoile. J'ai adoré sa façon de raconter.

Il craquait, c'était évident.

— Je pense que je devrais lui demander de m'accompagner au bal de printemps. Je ferai de mon mieux pour ne pas lui marcher sur les pieds en dansant !

— Excellente idée, Malcolm ! m'exclamai-je.

Il était métamorphosé ! Alexis avait fait de ce garçon cynique et renfermé un tout autre garçon.

Nous décidâmes d'aller au ciné tous les

quatre, Aaron et moi, et Malcolm et Alexis, samedi soir.

— Voilà Alexis, me souffla Mary-Kate alors que nous venions de quitter le gymnase.

Elle se dirigeait vers nous. Elle avait attaché ses cheveux et portait un jean très mignon avec un top branché.

— Elle est mieux que d'habitude, tu ne trouves pas ?

— Ça doit être « l'effet Malcolm », suggéra Mary-Kate.

Alexis nous fit un signe.

— Salut, les filles ! J'ai hâte d'être à demain soir !

— Moi aussi, dis-je. Malcolm propose qu'on aille voir *Le cercle noir*, qu'en penses-tu ? Il paraît que ça fait super peur !

— J'ai lu de très mauvaises critiques sur le film mais ça ne fait rien, ça me va. Au fond, peu importe le film. Tu vas t'habiller comment ?

— Heuuuu... je n'en sais rien. Simple. Après tout, on ne va qu'au ciné... à moins qu'on aille manger une pizza après.

— Je viens juste de m'acheter une robe, dit Alexis. Tu crois qu'une robe, c'est trop habillé ?

— Non, ce sera parfait !

— Tu sais, certains garçons aiment les filles un peu sophistiquées qui font attention à ce qu'elles portent et d'autres préfèrent les filles naturelles, celles qui sont toujours en jean. Alors, je me pose des questions.

— En fait, Malcolm ne se soucie pas de ce genre de choses, il n'est pas très attentif au look des filles.

— Tu as sans doute raison. Et Aaron ? demanda Alexis. C'est quoi, son genre de filles, les sophistiquées ou les cool ?

Je ne m'étais jamais posé la question. Je ne savais pas quoi répondre.

— Alors, à demain soir, Ashley !

Et elle fila en direction du gymnase.

— Il y a un truc qui cloche avec cette fille, lança Mary-Kate.

— Mais non. Elle est un peu stressée à l'idée de la soirée de demain. Je pense qu'elle aime beaucoup Malcolm et qu'elle manque de confiance en elle, c'est tout.

— C'est ça qui est bizarre. Elle pose des questions qui donnent l'impression qu'elle n'est pas sûre d'elle, mais elle les pose sur un ton arrogant et désinvolte. C'est un curieux mélange, tu ne trouves pas ? fit Mary-Kate.

— Tout ce que je vois, c'est que Malcolm est amoureux d'elle et elle de Malcolm. Et que ma théorie a très bien fonctionné. Même si Malcolm ne veut pas encore l'admettre !

— En tout cas, j'ai hâte de savoir comment va se passer cette soirée ; à mon avis, ça promet ! conclut Mary-Kate.

Mary-Kate

Allez, Mary-Kate ! La soirée de papa n'est que dans quelques jours, tu as intérêt à te remuer un peu.

J'avais déjà choisi le menu et tapé une longue liste de courses qu'il ne me restait plus qu'à imprimer. Mais je n'arrivais pas à mettre la main sur mon ordinateur portable !

Je sais ! Je l'avais oublié au lycée.

C'est pas vrai ! me lamentai-je. Je l'ai rangé dans mon casier pour le rapporter à la maison et je l'ai laissé là-bas !

Impossible de le récupérer avant lundi et il me fallait absolument faire les courses le jour même si je voulais que tout soit prêt à temps. Je devais également développer la pellicule pour le concours. J'étais sûre d'avoir fait de très bons clichés sur la plage et je voulais m'en assurer au plus vite.

Pas de panique, me dis-je. Après tout, ça n'est pas si catastrophique. Je pense pouvoir me souvenir du plus gros de la liste des courses et le reste me reviendra quand je serai dans le magasin ! Enfin, espérons-le...

Je sautai dans la Mustang et fonçai au supermarché. Une fois là-bas, je pris un chariot et le poussai dans les allées. Soudain, ce magasin m'apparut gigantesque. J'étais perdue.

Voyons, je dois faire du guacamole. Il me faut des avocats, des épices, des oignons, de l'ail, du poivre, et des légumes de toutes sortes pour confectionner le buste de papa, et pour finir, du poulet, des crevettes et des saucisses.

Je contemplai mon Caddie qui débordait. Pour plus de sécurité, j'attrapai au passage une boîte des céréales préférées de papa. Dori Weiss conseillait : « Prenez toutes les choses qu'aime la personne à qui vous destinez la soirée. » J'étais parée !

En rentrant à la maison, je vidai mes sacs. Il était temps de se mettre aux fourneaux ! Mais toutes mes recettes étaient sur mon ordinateur !

Aucun problème, me dis-je, elles sont aussi dans le livre de cuisine ! Je le feuilletai frénétiquement sans parvenir à retrouver les recettes que j'avais choisies. J'empruntai l'ordinateur d'Ashley pour tenter de retrouver celles que j'avais dénichées sur le net.

J'en ai pour des semaines, geignis-je. Et il faut absolument que je porte mes photos à développer avant que le magasin ne ferme. Mais pourquoi est-ce que j'avais oublié cet idiot d'ordinateur au lycée !

J'ai épluché les avocats puis j'ai tenté de les écraser en purée avec une fourchette : impossible. Ils étaient durs comme du bois ! Si durs que j'ai fini par tordre la fourchette.

Je suis trop nulle, me dis-je. Je n'ai même pas regardé s'ils étaient assez mûrs avant de les acheter ! Alors je les ai coupés en petits dés avec un couteau. J'ai émincé quelques gousses d'ail, les ai ajoutées aux avocats avec des oignons et du piment. J'ai mis le tout dans le mixer et j'ai appuyé sur le bouton.

Le résultat avait l'aspect du guacamole sans la saveur.

Je vais rajouter un peu d'ail. Papa adore l'ail. Plus il y en aura, mieux ce sera. Enfin, c'est à espérer...

13

Ashley

— Ce film était bien meilleur que je ne le pensais, lança Alexis alors que nous sortions du cinéma. Tu as aimé, Aaron ?

— Je ne l'ai pas trouvé terrifiant, mais Ashley si ! dit-il en montrant les marques d'ongles qu'il avait partout sur la main.

— Bon, ça va ! répliquai-je. C'était au moment où la fille ouvre son lit et découvre le monstre avec du sang partout. C'était horrible !

— C'est exactement le moment où j'ai hurlé, enchaîna Alexis, alors qu'en général je mets un point d'honneur à ne jamais hurler pendant un film.

— Je confirme, dit Malcolm. Mes tympans s'en souviennent encore !

Il lui souriait mais Alexis ne le regarda pas.

— Si on allait manger une pizza, maintenant ? proposa Aaron. Je meurs de faim. Ça vous dit ?

— Allons chez Lucio, repris-je. C'est à deux pas d'ici.

Sur le chemin de la pizzeria Aaron et moi nous tenions par la main. Malcolm marchait près d'Alexis mais il ne lui prit pas la main et Alexis ne lui offrit pas la sienne.

Je commençais à me demander si j'avais été bien inspirée de proposer cette sortie à quatre. Alexis était bizarre. Au cinéma, elle avait insisté pour s'asseoir à côté d'Aaron et, du coup, Malcolm avait été obligé de déranger plein de gens pour pouvoir s'asseoir près d'elle.

— Mon frère a travaillé chez Lucio. Ne prenez pas de punch aux fruits, nous recommanda Malcolm.

— Tu veux dire ce liquide rouge dans la machine sur le comptoir ? Et pourquoi ?

— Ils crachent dedans, fit-il d'un air dégagé.

— C'est immonde ! m'écriai-je. C'est pire que le film qu'on vient de voir.

— De toute façon, je n'aurais jamais bu de ce truc, commenta Alexis.

— Il y a d'autres détails dont tu veux nous faire part avant de dîner, Malcolm ? demanda Aaron, visiblement inquiet.

— Non. Le reste est OK, pas de souci.

Je m'assis près d'Aaron et nous commandâmes une grande pizza pepperoni et du Coca.

— Dis-moi, Aaron, comment se comporte l'équipe de foot, cette année ? demanda Alexis.

— Pas mal du tout, répondit-il. Nous sommes assez bien placés au championnat ; vous devriez tous venir voir un match, un de ces jours, proposa-t-il.

— J'aime bien le foot, ajouta Malcolm. Ça n'est pas aussi captivant que la lutte mexicaine mais c'est toujours mieux que le rugby.

— Depuis quand t'y connais-tu en foot ? demanda Alexis à Malcolm.

— Je m'y connais un peu, répondit Malcolm. Et toi ? C'est nouveau, cet intérêt, non ?

— J'ai lu des articles intéressants dessus, souffla-t-elle en lançant un regard à Aaron.

— Malcolm connaît plein de trucs sur une multitude de sujets, affirmai-je pour le défendre. C'est le type le plus cultivé que j'aie rencontré.

— C'est vrai ! approuva Aaron. C'est un puits de science ! Il m'a raconté des choses dont je ne n'avais jamais entendu parler. La dernière fois, c'était au sujet de ces insectes qui vivent sur nous et dévorent notre peau morte.

— Peut-être, mais il n'est pas aussi athlétique que toi, le coupa Alexis. Il y a plusieurs formes d'intelligence. Celle de l'esprit et celle du corps.

À ce moment-là, Malcolm baissa la tête et commença à jouer avec sa fourchette. Aaron, lui, me regardait, l'air de dire : « Mais de quoi elle parle ? »

— Génial ! Voilà notre pizza ! m'écriai-je avec un peu trop d'entrain.

Le serveur déposa une grande assiette au centre de la table et je fis le service. J'aurais fait n'importe quoi pour qu'Alexis se taise. On était tous mal à l'aise.

— Alexis m'a dit qu'elle faisait elle-même la pizza avec une vraie recette italienne, n'est-ce pas, Alexis ? dit Malcolm.

— Oui, c'est vrai. Ça vous plairait de venir y goûter un soir à la maison ?

Ce « vous » s'adressait à Aaron et moi, mais elle n'avait d'yeux que pour Aaron et lui lançait des regards si appuyés qu'il me pinça le bras.

— Je me demandais si je n'allais pas m'inscrire dans l'équipe féminine de foot l'année prochaine, reprit-elle. Tu crois que tu pourrais me donner quelques cours particuliers, Aaron ?

Aaron sembla se crisper.

— Heuu... Excusez-moi, il faut que j'aille aux toilettes, lança-t-il. Ashley, tu veux bien me laisser passer ?

Je m'empressai de lui dégager le passage.

— Viens avec moi, me souffla-t-il.

— Tu veux que je t'accompagne aux toilettes ? répétai-je, surprise.

— Oui, insista-t-il en me tirant par le bras. Je suis certain que tu en as besoin.

Nous nous sommes arrêtés près de la cabine téléphonique.

— Est-ce que c'est toi qui me fais du pied sous la table ? demanda-t-il aussitôt. Quelqu'un m'écrase le pied depuis une heure et je voudrais être sûr que c'est bien toi.

— Mais non, ce n'est pas moi ! Et ça m'étonnerait que ce soit Malcolm.

— Alexis est en train de me draguer !

Il était paniqué. Je trouvais cela plutôt comique. Il devait pourtant avoir l'habitude, des tas de filles auraient fait n'importe quoi pour attirer son attention. Mais ce soir, il ne pouvait le supporter.

— Fais quelque chose, Ashley, je t'en prie !

— Tu crois que ça me fait plaisir ? Elle drague mon petit copain sous mon nez et par-dessus le marché elle se fiche complètement de Malcolm qui passe une soirée affreuse.

— C'est insupportable. Moi aussi j'aime bien Malcolm et je t'aime ! Cette folle nous fait passer la pire des soirées !

— Je n'y comprends rien, dis-je. Elle aime Malcolm, j'en suis certaine. Alors pourquoi se comporte-t-elle de cette façon ? Elle veut peut-être le rendre jaloux ?

— Ou alors elle est dingue. Peu importe, tu dois arrêter ça !

Je ne savais pas quoi faire. De là où nous étions, je pouvais voir notre table. Alexis et Malcolm s'étaient rapprochés.

— Regarde-les, dis-je à Aaron. On dirait qu'ils s'embrassent. Si ça se trouve, tout s'est arrangé.

Nous sommes retournés à nos places. De loin, on aurait pu penser qu'ils s'embrassaient, mais en arrivant près d'eux nous découvrîmes qu'il n'en était rien.

— Malcolm saigne du nez, nous annonça Alexis. On ferait mieux de rentrer.

— Ça va, Malcolm ? demandai-je.

— Ça ira, dit-il. Je dois juste garder la tête en arrière un moment, c'est tout.

— Viens, Malcolm, je te ramène, proposa Alexis.

— Je suis désolé, Ashley, s'excusa Malcolm.

— Ne t'en fais pas pour ça, répondis-je.

— Je m'occupe de lui, promit Alexis. Elle le guida vers la sortie.

Aaron et moi étions abasourdis.

— Si elle s'occupe de lui, c'est qu'elle l'aime, tu ne crois pas ?

Aaron ne répondit rien.

— On ferait mieux de finir notre pizza, dit-il.

Je n'avais plus faim du tout. Tout ça m'avait coupé l'appétit. Je ne comprenais pas Alexis. C'était une fille extrêmement bizarre. Je ne pouvais pas croire qu'elle ait tenté de draguer Aaron sous mes yeux...

Aaron me déposa à la maison et, en rentrant, je trouvai Mary-Kate à la cuisine, dans une pagaille inqualifiable !

— Que se passe-t-il ? m'écriai-je.

— Je m'avance un peu pour le dîner de papa, répondit Mary-Kate, le visage maculé d'une sorte de pâte verte qui faisait penser à de l'avocat. Tu sais, j'ai encore plein de trucs à faire, alors je m'arrange pour tout organiser à l'avance.

On aurait plutôt dit qu'elle planifiait l'apocalypse ! Il y avait de la vaisselle sale entassée dans tous les coins et cette étrange matière verte étalée sur le plan de travail.

— Où est maman ?

— Elle est montée se coucher. Je voulais juste nettoyer un peu et...

Elle s'interrompit, le souffle coupé comme si elle découvrait enfin l'ampleur du carnage.

— Je vais t'aider à ranger tout ça, sinon tu y passeras la nuit.

— Merci ! Et tu pourras me raconter ta soirée avec Malcolm et Alexis. Malcolm est-il toujours fou amoureux ?

Je m'armai d'une éponge et poussai un énorme soupir.

— C'est une longue histoire qui se termine dans un bain de sang !

— Un bain de sang ! Comment ça ?

— Malcolm a saigné du nez et a dû rentrer chez lui. Rien de grave, dis-je en attrapant une casserole dont le fond était enduit d'une matière noire et visqueuse. Qu'est-ce que tu as trafiqué dans cette casserole ?

— J'ai tenté de faire caraméliser des oignons.

Elle me prit la casserole des mains et la passa sous le robinet.

— Je m'en occupe, dit-elle. Raconte-moi plutôt la soirée !

Je commençai, et plus j'en parlais, plus cette histoire me paraissait étrange...

Ce lundi-là, je cherchai Malcolm partout.

— Mais où étais-tu ? m'écriai-je en le trouvant allongé dans le parc du lycée.

Couché sur le ventre, il lisait un livre.

— Tu ne devrais pas être en cours de gym en ce moment ?

— Salut. J'ai séché la gym aujourd'hui, dit-il. Je ne me sens pas très bien.

Il était très pâle.

— Depuis quand es-tu ici ?

— Depuis l'heure du déjeuner.

— Mais ça fait deux heures ! m'exclamai-je.

— Je sais, dit-il. Mais je n'arrive pas à me bouger.

— Et ton nez ? demandai-je, inquiète.

— Ça n'était rien, je t'assure.

— Tu lis quoi ? m'informai-je en fixant son livre.

— *Poèmes d'amour pour les cœurs brisés*.

Tout ça prenait un tour que je n'aimais pas.

— Qu'est-ce qui cloche, Malcolm ?

— Alexis m'a largué, avoua-t-il.

— Je ne le crois pas ! Tu plaisantes ?

— Pas du tout, Alexis m'a quitté, c'est la vérité.

14

Ashley

— Raconte-moi. Qu'est-ce qu'elle t'a dit ?

— Elle a dit que je n'étais pas son genre.

— Mais c'est dingue ! m'indignai-je. Tu es un garçon adorable ! Tu es intelligent, sympa et drôle, qu'est-ce qu'elle veut de plus ?

— Elle a dit que je n'étais pas assez branché.

J'étais estomaquée. Qui était donc Alexis pour se permettre de dire que Malcolm n'était pas assez branché ? Pour qui se prenait-elle !

— Elle est complètement folle, tu es parfait.

— Je crois qu'elle n'est pas folle des types

qui saignent du nez au beau milieu d'un dîner !

Je sentis la colère m'envahir. Elle ne voulait plus de Malcolm parce qu'elle avait jeté son dévolu sur Aaron ! Je venais de comprendre. Comment osait-elle traiter Malcolm de cette façon ?

— Je suis désolée, Malcolm, tout est ma faute...

— Oui, c'est vrai. Mais je ne peux pas t'en vouloir, tu voulais juste m'aider. Tu ne savais pas encore qu'aucune fille ne peut tomber amoureuse de moi...

— Ne dis pas ça ! On peut très bien tomber amoureux de toi. C'est Alexis qui a un problème !

— Tu as raison ! s'exclama Malcolm. Alexis a un très grave problème ! Elle est jolie, brillante et surtout elle a cette adorable petite bosse sur le haut de son nez....

Hou là ! C'était pire que ce que je pensais !

— Je t'en prie, Malcolm ! Elle a une bosse sur le nez et ça n'est pas adorable du tout ! Cette fille ne te mérite pas.

Malcolm referma son livre et s'assit.

— Tu as raison, Ashley. Personne ne mérite un génie mal fichu qui saigne du nez pendant les dîners.

— Malcolm !

— Je crois que je vais me traîner jusque chez moi, maintenant, dit-il.

— Tu ne travailles pas au Click, aujourd'hui ?

— Si, mais aide-moi, Ashley, dit-il en me tendant la main. Je suis incapable du moindre effort !

— Est-ce que je peux faire quelque chose pour toi ? demandai-je en l'aidant à se remettre sur ses pieds.

Je détestais le voir dans cet état ! Il n'était plus que l'ombre de lui-même...

— Oui, téléphone au Click et dis-leur que je ne viendrai pas ce soir.

— Et je leur donne quelle explication ?

— Dis-leur que je suis malade. Malade et fatigué de tout.

— Ashley, ça te dirait de faire un tour au centre commercial cet après-midi ? me proposa Lauren à la fin des cours. Je meurs d'envie de dévorer quelques beignets, pas toi ?

— Non, je ne peux pas. Je vais faire un tour à vélo avec Aaron, régale-toi !

— J'y compte bien ! s'esclaffa Lauren. On s'appelle ? Bye !

Je sortis du lycée en trombe pour rejoindre le garage à vélos où m'attendait Aaron. En débouchant sur le parking, j'aperçus de loin mon petit ami qui discutait avec une fille. Et cette fille, c'était Alexis !

Aaron n'avait pas l'air très à l'aise, mais Alexis le coinçait contre les vélos. Il était tétanisé !

Quand elle me vit arriver d'un pas décidé, elle s'éclipsa aussitôt.

— Qu'est-ce qu'elle te disait, cette folle ? demandai-je à Aaron.

— Tu ne vas pas le croire ! Elle veut que nous sortions ensemble !

15

— Elle veut sortir avec toi ?

— Oui. Elle m'a dit : « Ashley est sûrement une fille très bien. Mais c'est quelqu'un comme moi qu'il te faut. Quelqu'un qui sorte de l'ordinaire. »

— Et tu lui as répondu ?

— Je n'ai pas eu le temps de lui répondre, elle a fichu le camp à toute vitesse quand elle t'a vue débarquer !

Je le regardai et me mis à rire.

— Qu'est-ce qu'il y a de si drôle ?

— Toi, Aaron ! Si tu avais vu ta tête quand elle te coinçait contre les vélos ! On aurait dit que tu voulais décamper à tout prix.

— Cette fille me fait peur, admit-il.

Je le pris dans mes bras et l'enlaçai. Je n'avais rien à craindre. Alexis ne l'intéressait pas du tout, elle pouvait faire tout ce qu'elle voulait : elle n'arriverait pas à me le prendre.

— Personne ne fera jamais aussi bien « coin-coin » que toi, dit-il en m'embrassant.

— « Coin-coin », fis-je amoureusement.

— Ashley est la reine du « coin-coin » et Alexis la reine des « zinzins », lança Aaron.

— Allons faire ce tour à vélo. Un peu d'exercice nous fera du bien.

Nous prîmes la route de la plage et roulâmes sans beaucoup parler. J'avais une foule de choses en tête. Alexis pouvait bien draguer Aaron autant qu'elle voulait. De ce côté-là, je n'avais aucun souci. Ce qu'elle avait fait à Malcolm me préoccupait plus... Tout était ma faute. J'avais poussé Alexis dans les bras de Malcolm pour me prouver égoïstement que ma théorie était juste. Mais j'ignorais qui était Alexis et j'avais provoqué une véritable catastrophe.

Je dois trouver un moyen d'arranger ça, me dis-je. Comment répare-t-on un cœur brisé ?

— Elle a fait quoi ? s'écria Mary-Kate. Largué Malcolm et dragué Aaron !

Aussitôt rentrée à la maison, j'avais tout raconté à Mary-Kate que j'avais trouvée dans la cuisine aux prises avec une montagne de légumes épluchés et dressés les uns sur les autres.

— C'est quoi, ça ? demandai-je en lui montrant le curieux édifice.

— Le buste de papa réalisé entièrement avec des légumes. Ça te plaît ?

J'ai observé avec attention l'« œuvre d'art » constituée de choses gluantes mélangées à des tomates cerises, des carottes et du chou-fleur. Au sommet trônait une énorme laitue avec une carotte plantée au milieu. Pour faire les cheveux, Mary-Kate avait parsemé le haut de la laitue d'épluchures de pommes de terre. C'était atroce !

— C'est pour quoi faire, au juste ?

— Ça remplit trois fonctions en même temps ! expliqua Mary-Kate avec enthousiasme. Primo, c'est un buste de papa réalisé en son honneur ; deuzio, un centre de table ; tertio, les amuse-gueules pour l'apéritif ! Tu choisis un légume, tu le trempes dans une sauce et tu manges !

— Très intéressant, dis-je, perplexe.

— En plus, ça ne m'a pris que vingt minutes ! Je dois absolument aller au labo du lycée pour tirer les photos du concours, je n'ai pas eu le temps samedi, et j'ai préféré faire vite aujourd'hui parce que, demain, je n'aurai pas le temps.

— Bonne initiative, approuvai-je.

— Comment va Malcolm ? Pas trop déprimé ?

— Il est désespéré, répondis-je. Il aime toujours Alexis et pense que personne ne peut l'aimer.

— Tout ça parce que cette idiote n'a pas voulu de lui ? s'insurgea Mary-Kate, folle de rage.

Elle était hors d'elle et cogitait déjà une petite vengeance.

— Ça ne va pas du tout. Nous devons faire quelque chose, Ashley. Malcolm a besoin de notre aide !

— Et pour Alexis ?

— Alexis mérite une bonne leçon. Tu t'occupes de Malcolm et je me charge d'Alexis. Donne-moi son numéro de téléphone !

Gare à toi, Alexis, me dis-je. Mary-Kate vient de te déclarer la guerre !

Mary-Kate

J'ai retrouvé Alexis dans une boutique de mode branchée.

— Alexis, il faut qu'on parle, lui dis-je d'un ton ferme.

— Elle sortit de la cabine d'essayage habillée d'une minijupe et d'un très joli top. Décidément elle était en pleine mutation...

— Qu'est-ce que tu fais ici, Mary-Kate ? me lança-t-elle. Comment m'as-tu trouvée ?

En fait, j'avais appelé chez elle, et sa mère m'avait indiqué où elle était.

— Aucune importance, répliquai-je. L'important, c'est ce que j'ai à te dire.

— Moi, je n'ai rien à te dire, je te connais à peine.

— Eh bien, je commence à te connaître et j'ai une question à te poser. Comment as-tu pu larguer Malcolm si vite ?

— Oh, je t'en prie, Mary-Kate ! Ne sois pas naïve ! C'est la vie !

— Ça peut arriver, en effet. Mais là, tu as été malhonnête avec Malcolm dès le début. Tu lui as fait croire qu'il te plaisait pour le laisser tomber ensuite comme une vieille chaussette. Et en plus, tu as tenté de draguer Aaron !

— Tu sais bien que toutes les filles du lycée rêvent de sortir avec Aaron. Quant à Malcolm, il ne m'a jamais plu, je le trouve ringard.

— Alors pourquoi es-tu sortie avec lui ?

— Pour faire la connaissance d'Aaron. Quand Ashley m'a parlé d'un rendez-vous à quatre, je me suis dit que c'était l'occasion ou jamais d'attirer son attention.

— Tu aurais pu te débrouiller autrement et ne pas mêler Malcolm et ma sœur à tes combines !

— Je voulais savoir si Malcolm pouvait tomber amoureux de moi. Et c'est ce qui s'est passé. Mais c'était trop facile et je me suis vite lassée de lui.

— Tu es un monstre ! hurlai-je.

Un couple de clients se retourna, inquiet. Le vendeur s'approcha de nous.

— Tout va bien, mesdemoiselles ?

— Tout va très bien, merci, répondis-je sèchement.

— Je suis à votre disposition, répondit le vendeur en s'éloignant.

— Tu es un monstre, répétai-je à Alexis en chuchotant. On n'a pas le droit de faire du mal aux gens, juste pour rire.

— Grandis un peu, Mary-Kate ! L'amour est un jeu, tu perds ou tu gagnes, voilà tout ! Ce coup-ci j'ai gagné et Malcolm a perdu. C'est comme ça que ça marche ! Maintenant, tu m'excuseras, mais j'ai des courses à faire, je dois te laisser.

Et elle disparut dans la cabine d'essayage.

— Tu n'as pas encore gagné, Alexis !

— Arrête, tu me terrorises ! dit-elle en éclatant de rire.

16

Mary-Kate

— Alors, me demanda Ashley, comment ça s'est passé avec Alexis ? Tu l'as remise à sa place, j'espère.

— J'ai fait ce que j'ai pu. Elle pense être irréprochable.

— C'est comme Malcolm, il continue de croire qu'Alexis est une fille parfaite.

— Il faut lui ouvrir les yeux et lui démontrer qu'elle est une garce. Si nous y arrivons, je suis certaine qu'il se sentira mieux et qu'il se félicitera de ne plus être avec elle.

— On peut essayer, dit Ashley. Par la même occasion, on pourrait donner une bonne leçon à Alexis.

— Exactement ! Et je crois savoir comment s'y prendre. Toi, tu t'occupes de réunir nos troupes. Quant à moi, j'ai un scénario à écrire car nous allons jouer une petite comédie...

— Une comédie ? De quel genre ?

— Tu verras bien !

Ashley

— On y est, Ashley ! m'annonça Malcolm alors que nous arrivions devant le gorille géant du King Kone.

Nous nous étions baladés ce soir-là et avions décidé de faire une pause au King Kone. En arrivant, les phares de la Mustang illuminèrent la terrasse du glacier : Aaron et Alexis étaient assis l'un en face de l'autre.

— Regarde qui est là ! m'écriai-je.

— Tiens, tiens ! Aaron et Alexis ! lança Malcolm.

Aaron se leva d'un bond et, dans la précipitation, renversa sa boule de glace.

— Ashley, Malcolm ! Qu'est-ce que vous faites ici ?

— Je te retourne la question. Que fais-tu ici, avec elle ?

— Ashley, je te jure que ça n'est pas ce que tu crois...

— Mais si. C'est absolument ce qu'elle croit ! l'interrompit Alexis. Aaron et moi sortons ensemble, en amoureux.

— Ce n'est pas possible, Aaron... Toi et... Alexis !

J'étais consternée.

— Ashley, je crois qu'on devrait dire la vérité, chuchota Malcolm.

— La vérité ? s'étonna Aaron. Quelle vérité ?

— Ashley, ne me dis pas que tu trompes Aaron avec Malcolm ! s'esclaffa Alexis.

— Et pourquoi pas ? demandai-je. Malcolm est un garçon formidable. J'ai su dès que je l'ai vu que j'en tomberais amoureuse.

— Tout ça est parfait ! s'exclama Alexis. Vous êtes faits l'un pour l'autre, comme Aaron et moi !

— J'aimais bien Aaron, mais je savais que ça ne durerait pas.

— Ashley, je t'en prie ! s'écria Aaron, il n'y a rien entre Alexis et moi !

— Laisse tomber, Aaron, dit Malcolm en me prenant la main, Ashley est avec moi à présent.

— Bon débarras ! lança Alexis. Viens, Aaron, partons d'ici.

Aaron me prit à part.

— Ashley, tu es *MA* petite amie, implora-t-il.

Alexis empoigna Aaron par le bras et l'attira à elle.

— Ne fais pas l'idiot, c'est moi ta petite amie maintenant !

— J'ai toujours su que tu avais un faible pour Malcolm, continua Aaron en ignorant Alexis. Je ne peux pas lutter, il est trop bien comme type.

— Mais qu'est-ce qui se passe ? demanda Alexis, visiblement troublée.

— Je t'en prie, Alexis, fit Aaron en se tournant vers elle, Malcolm était amoureux de toi. Alors, s'il te plaît, renoue avec lui, pour que je retrouve Ashley.

— Laisse Ashley où elle est ! s'énerva Alexis.

— Je suis désolé, Alexis, je n'ai pas envie d'être avec toi, dit-il en baissant la tête. Je n'en ai jamais eu envie, c'est juste que...

— Juste que quoi ? hurla Alexis.

— Juste que... je me suis servi de toi pour rendre Ashley jalouse.

— Tu t'es servi de moi ! se révolta Alexis. Comment as-tu pu faire une chose pareille !

— Comment peut-on faire une chose aussi horrible à quelqu'un ? Moi, je n'en sais rien, fit Aaron. Mais toi, tu peux peut-être nous l'expliquer ?

— À quoi tu joues, Aaron ?

— Tu vois, Alexis, on voulait te montrer ce que ça pouvait faire d'être prise pour une idiote et manipulée, répondit Aaron en m'enlaçant.

— Tu veux dire que tu n'as jamais eu l'intention de devenir mon petit ami ? Pourtant tu m'as demandé de sortir avec toi ce soir, non ?

— Je t'ai proposé de venir manger une glace avec moi. Je ne t'ai jamais promis de devenir ton petit ami.

— Je croyais que...

— J'avoue que je n'ai pas été très sympa. Mais tu ne l'as pas été non plus avec Malcolm, je me trompe ?

Alexis nous dévisagea un long moment, stupéfaite. Elle tenta de dire quelque chose à plusieurs reprises, puis, faute d'arguments, elle tourna les talons et disparut.

— Alexis devrait corriger son formulaire et rajouter son goût pour les jeux cruels et sadiques de l'amour, suggéra Malcolm.

— Très drôle, dis-je. Je suis heureuse que tu aies retrouvé ton cynisme et ton sens de l'humour, Malcolm !

Mary-Kate

Restons calme, Mary-Kate, me dis-je. Nous étions vendredi après-midi et j'étais enfin rentrée à la maison après le lycée. Je m'étais attardée au labo pour tirer enfin mes photos et j'étais ravie du résultat. Mais maintenant, plantée dans la cuisine, j'étais désespérée !

Les invités arrivaient à sept heures, et j'étais loin d'avoir tout préparé. Le buste de papa trônait sur la table de la salle à manger, ni très appétissant, ni très ressemblant !

Il n'y avait plus de temps à perdre ! Je devais passer prendre le gâteau et les fleurs et commencer à cuisiner. Cette fois, j'avais au moins pensé à récupérer mon ordinateur ! C'était déjà ça !

Alors que je cliquai sur le document « recettes », le message « fichier introuvable » s'afficha.

Oh non, pas ça !

Je fouillai dans mon disque dur avec obstination mais le document était perdu.

Abruti d'ordinateur ! m'énervai-je.

La boîte de céréales de papa trônait sur le plan de travail et son emballage rouge semblait me narguer.

Je suis bonne pour servir un bol de céréales à papa en guise de grand dîner !

17

Ashley

Au Click, ce vendredi-là, Malcolm semblait un peu plus en forme, mais je me sentais toujours coupable à cause d'Alexis.

— Malcolm, je te dois des excuses, lui dis-je.

— Tu n'as pas à t'excuser, je suis un super mec ! Ce n'est pas un petit chagrin d'amour de rien du tout qui m'abattra ! Je suis au-dessus de ça !

— Si, insistai-je. J'ai eu tort de t'embarquer dans cette histoire avec Alexis. Tu n'y croyais pas et tu avais raison.

J'ai sorti un paquet de mon sac.

— Tiens, c'est pour me faire pardonner.

— C'est gentil, Ashley, mais tu n'avais pas besoin de faire ça. Quoique, après tout ce que tu m'as fait endurer ! ajouta-t-il en souriant.

— Ouvre-le.

Il déballa le cadeau. C'était un livre intitulé *Les modes de reproduction des insectes*.

— On y apprend que, chez certains insectes, la femelle tue le mâle après la fécondation... Toi, tu ne t'en sors pas si mal que ça, fis-je.

— C'est dingue ! Ça fait très longtemps que j'avais envie de ce bouquin, mais il était épuisé ! Comment as-tu fait pour le trouver ?

— Je l'ai déniché dans une solderie sur Sunset Boulevard.

— Chez Grover ? J'adore cet endroit !

— Une très jolie fille qui y travaille m'a aidée à trouver ce que je cherchais.

Il leva brusquement la tête.

— Tu veux parler de la fille aux cheveux courts avec plein de barrettes et qui est toujours en salopette ?

— Oui. Elle s'appelle Sophie. Elle m'a demandé pour qui était le livre, et quand j'ai mentionné ton nom, elle a dit qu'elle voyait très bien qui tu étais.

— Ne raconte pas n'importe quoi ! s'exclama-t-il. Je n'ai jamais eu le courage de lui adresser la parole ! Je ne vois pas comment elle peut savoir qui je suis !

Le poisson était ferré. Dès que j'avais vu Sophie, j'avais pensé que c'était une fille pour Malcolm. Et je ne m'étais pas trompée. Une nouvelle partie venait de commencer...

— Elle m'a dit aussi que tu venais souvent et que tu discutais parfois avec le patron. Du coup elle a demandé à Grover qui tu étais parce qu'elle s'intéresse beaucoup à toi.

— Elle s'intéresse à moi ! Tu veux me faire marcher, c'est ça ?

— Regarde à l'intérieur du livre si tu ne me crois pas, dis-je en souriant.

Il ouvrit le livre. Elle avait écrit son numéro de téléphone et son nom sur la première page.

— C'est pas vrai ! s'exclama Malcolm en refermant l'ouvrage.

Il le rouvrit et vérifia encore une fois.

— Je n'y crois pas ! Elle a noté son numéro pour moi ! Elle veut que je l'appelle !

— On le dirait, oui. Est-ce si incroyable ?

— Non, bien sûr, dit-il, en essayant de reprendre son calme. Merci beaucoup, Ashley, et ne t'en fais pas pour l'histoire avec Alexis. Je sais que tu ne voulais pas me blesser.

— Finalement tout ça est une question d'instinct et de tripes.

— Des tripes ! Voilà ce que tu aurais dû m'apporter pour mon déjeuner !

J'étais soulagée et heureuse. Malcolm était à nouveau lui-même. Cynique et un peu sauvage, mais plus du tout désespéré !

Désormais, ma théorie ne serait plus basée que sur des calculs.

— Je crois que je vais apporter quelques modifications aux « Rencontres d'Ashley ». Depuis la mise en ligne de mon service, le taux de fréquentation du site du lycée a augmenté de quarante pour cent et, d'après les mails que je reçois, je sais qu'il est enfin pris au sérieux. Mais je n'organiserai aucune rencontre sans avoir eu un entretien approfondi avec les candidats.

— Tu le promets ?

— Promis, juré, craché !

— Au moins, tu es sûre de rencontrer

tous les crétins du lycée en tête à tête, s'esclaffa Malcolm.

— Très drôle, rétorquai-je, un peu vexée.

— J'adore te charrier, Ashley. Je suis très touché par tes attentions et je suis vraiment content de t'avoir pour amie.

Il rangea son livre derrière le comptoir.

— Mais attention, ne t'attends pas à ce genre de déclaration trop souvent ! À partir de maintenant, je redeviens l'ancien Malcolm cynique et désabusé !

— Tant mieux, dis-je. J'adore l'ancien Malcolm !

— Très bien. Alors tu vas commencer par m'expliquer toutes ces minauderies entre Aaron et toi ! En particulier, cette histoire de « coin-coin », ça veut dire quoi ?

— C'est entre Aaron et moi. Une sorte de plaisanterie.

— Eh bien, tu ferais mieux d'arrêter ça. C'est ridicule, vu de l'extérieur !

— Je te promets d'être plus discrète en public.

— T'as intérêt ! me prévint Malcolm.

— Est-ce que tu serais prêt à me faire un délicieux café avec un léger nuage de lait, mais écrémé ?

Malcolm éclata de rire.

— Vous êtes dingues, les filles, avec vos exigences ! Comme si vous ne pouviez pas boire un café normal !

Il s'affaira au percolateur pendant que je m'installais à une table. Tout était rentré dans l'ordre. En fait, tout allait mieux qu'avant et je me sentais bien.

En rentrant à la maison vers cinq heures, je trouvai Mary-Kate dans la cuisine, effondrée sur son ordinateur.

— Ça ne va pas ? demandai-je, inquiète.

— C'est la cata, rien n'est prêt, gémit-elle. Je n'ai même pas dressé la table pour le dîner de papa !

— Pourquoi ? Que s'est-il passé ?

— C'est à cause de cet ordinateur pourri ! s'exclama-t-elle. Il ne veut pas me rendre mes fichiers ! Tout ce que j'ai cuisiné a un horrible goût d'ail. J'en ai mis partout, et beaucoup trop. Maintenant, je n'ai plus assez de temps pour préparer autre chose de mangeable ! Il ne reste que le buste de papa !

J'ai jeté un œil au fameux buste. Il ne ressemblait à rien. On aurait dit un gros cafard en décomposition ! Le nez en carotte gisait sur le plat. J'ai regardé l'heure. Maman devait rentrer vers six heures et les invités arriver à sept. Quant à papa, il rentrait de son voyage d'affaires vers sept heures trente. Il n'y avait plus de temps à perdre !

— J'ai eu tellement de trucs à faire cette semaine, se plaignit Mary-Kate. Entre la révision de mon interro d'histoire, ma dissertation de français et le concours de photos, je n'ai pas pris assez de temps pour organiser ce dîner, c'est tout ! Et maintenant, je suis coincée. Il ne me reste plus qu'à servir des céréales, dit-elle en désignant la boîte sur le plan de travail. Ça, au moins, je ne risque pas de le louper !

Elle s'interrompit un moment et son visage se décomposa.

— C'est pas vrai ! J'ai oublié d'acheter du lait !

— Pas de panique, Mary-Kate, nous allons faire appel à un traiteur, dis-je calmement.

— Un traiteur ! Mais tu es folle ! Le

dîner est dans moins de deux heures, il est trop tard.

— Pas si nous faisons appel au traiteur particulier d'Ashley « Spécial urgence » ! Tu prends ton téléphone et tu appelles Brittany, Lauren, Aaron et Malcolm. Nous cuisinerons tous un truc. Je ferai mes superpâtes à la carbonara, tu vas préparer une grosse salade et Britanny servira les délicieux gâteaux que papa aime tant ! Dépêche-toi de rassembler tout le monde ! Je te parie que ce sera une soirée formidable avec plein de trucs bons à manger et, en plus, il y aura des serveurs !

— Tu es sûre que ça va marcher ? demanda Mary-Kate.

— Absolument certaine !

— Tu vois, voilà pourquoi j'aurais dû te laisser faire. Je n'aurais jamais pensé aux serveurs !

— Allez, bouge-toi, Mary-Kate ! Appelle-les et dis-leur de venir ici de toute urgence !

Mary-Kate finit par sourire. Elle se jeta dans mes bras et m'embrassa très fort.

— Merci, Ashley ! Décidément, tu es la meilleure !

Alors qu'elle fonçait dans sa chambre pour appeler les renforts, je remontai mes manches et commençai à me mettre au travail.

— Désirez-vous un peu plus de pâtes, monsieur ? demanda Aaron à mon père.

Il faisait le service avec beaucoup de classe alors que Mary-Kate et moi étions assises avec maman, papa, oncle Jack, tante Tess et les collègues de papa.

— Avec plaisir, Aaron, répondit mon père. Les filles, ce dîner est un régal, tout est absolument délicieux !

— Vous avez fait un sacré boulot toutes les deux, confirma ma mère. J'ai à peine reconnu ma salle à manger !

— C'est vrai, c'est si chaleureux et romantique, s'extasia tante Tess.

Lauren avait apporté une très jolie nappe et des dizaines de bougies que nous avions disposées un peu partout. Brittany avait réalisé une banderole avec ces mots : « FÉLICITATIONS, MONSIEUR LE VICE-PRÉSIDENT ! »

Malcolm, armé d'une carafe, remplissait les verres vides.

— Si vous aviez vu cet endroit il n'y a pas une heure ! murmura Malcolm.

— Tais-toi ! dis-je en lui filant un coup de pied.

Personne n'avait besoin de savoir qu'une heure avant, nous courions partout et que la salle à manger était un vrai chantier.

— Je voudrais porter un toast, lança Mary-Kate en se levant : Au nouveau vice-président ! À sa promotion si durement gagnée et tellement méritée ! Et pour finir, j'aimerais lever mon verre au père le plus merveilleux que je connaisse !

Tout le monde leva son verre en chœur.

Papa, un peu ému, prit à son tour la parole.

— Je lève mon verre à ma merveilleuse femme et à mes deux filles qui font de ma vie un enchantement de tous les jours ! Merci encore pour cette excellente soirée. Ashley, Mary-Kate, sachez que je ne vous échangerais contre rien au monde !

Tout le monde applaudit. À la fin du dîner, Aaron et Malcolm débarrassèrent la table, et Mary-Kate se leva pour aller chercher le dessert.

— Je viens avec toi, dis-je en la suivant dans la cuisine.

— Bravo, super-soirée, les filles ! s'exclama Lauren. Les invités ont l'air heureux et votre père est ravi. C'est une réussite !

— Ça a fonctionné à la perfection ! s'exclama Mary-Kate en disposant le gâteau sur un plat. Ashley, tu as sauvé ce dîner. Je te dois un service, et un gros !

— Je sais déjà ce que tu pourrais faire pour moi.

— Dis-le-moi. C'est comme si c'était fait ! s'empressa de répondre Mary-Kate.

— Promets-moi que tu ne te lanceras plus jamais dans la réalisation d'un buste de papa en fruits et légumes !

Mary-Kate éclata de rire et leva la main droite.

— Je le jure !

Découvrez ce qui se passe dans le tome 9 de la collection

Mary-Kate and Ashley Sweet 16

Mary-Kate se tenait debout, au centre de l'auditorium du centre social.

— Cette fois, on y est, n'est-ce pas, Ashley ?

Mary-Kate admirait le décor auquel Brittany mettait la dernière touche.

Nous avions décidé de monter *Blanche-Neige et les sept nains*. Les enfants du centre social devaient jouer les personnages et la répétition avait lieu dans quelques minutes.

— Oui. C'est parfait, répondis-je fièrement. Qu'en penses-tu, Mary-Kate ?

— Moi, c'est Mikki, releva-t-elle. Rappelle-toi, maintenant je m'appelle Mikki !

Brittany et moi nous regardâmes, un peu interloquées.

— Qu'est-ce que tu en penses M... ikki ? répétai-je.

Mary-Kate observa longuement le décor et fronça les sourcils.

— Je trouve que c'est un peu simpliste.

— Simpliste ? repris-je. Qu'est-ce que tu veux dire ?

— Regarde-moi cette forêt. Elle est toute verte !

— C'est bien ce qui caractérise une forêt, non ? répliqua Brittany.

— C'est vrai, mais quel est le sens symbolique de la forêt dans la pièce ? insista Mary-Kate.

— Heuu... Un espace vert avec plein d'arbres, suggéra Brittany, interdite.

— Je vois où Mary-Kate veut en venir. Enfin, je veux dire Mikki !

Mary-Kate devenait un peu trop pointilleuse et commençait à m'agacer, mais j'essayai de comprendre son point de vue.

— Dans la pièce, la reine ordonne aux chasseurs de capturer Blanche-Neige dans la forêt et de la tuer. Donc, la forêt doit représenter le danger.

— Exactement ! s'écria Mary-Kate, triomphante. Voilà pourquoi on n'a pas besoin de peindre des arbres ! Tout le monde sait qu'il y a des arbres dans une forêt ! Nous devons nous contenter de retranscrire l'atmosphère, juste l'atmosphère ! Et cela grâce à une couleur dominante. Le rouge sang par exemple : on n'a qu'à peindre le décor en rouge sang !

— Pas « on », se révolta Brittany, « tu » vas peindre le décor en rouge sang ! J'ai passé deux jours entiers à peindre cette forêt ! Tu ne crois pas que je vais tout recommencer pour un problème d'« atmosphère » !

— Moi, ce que j'en dis, répondit Mary-Kate, dédaigneuse. C'est pour vous aider et donner un peu plus d'intensité à votre spectacle.

— Ce n'est qu'un spectacle pour enfants, tu sais, fit Brittany.

— Ce n'est pas une raison pour le bâcler, répondit Mary-Kate du tac au tac.

Brittany était à bout. Elle retourna à ses décors en levant les yeux au ciel, exaspérée.

— Attends un peu de voir les gamins qui vont jouer, ils sont trop mignons ! dis-je pour essayer de changer de conversation. Nous avons déjà répété quelques scènes. Ils ont quelques petits problèmes pour mémoriser leur texte, mais ils sont adorables.

— Tu sais, les enfants qui jouaient dans le film de Diana Donovan étaient adorables, eux aussi. Et ça ne les dispensait pas de savoir leur texte sur le bout des doigts. D'ailleurs ils avaient chacun leur propre coach.

— C'est sûr, dis-je, mais nous n'avons pas les moyens d'engager des coachs pour les enfants, ici.

C'était au moins la dixième fois que Mary-Kate, enfin Mikki, prononçait le nom de Diana Donovan. Je n'en pouvais plus de Diana Donovan ! Tout « oscarisée » qu'elle soit !

— J'aiderai les enfants à apprendre leur texte, proposa Mary-Kate. J'ai beaucoup appris en regardant les coachs travailler. Mais il va falloir faire quelque chose pour ce décor. Je m'y connais un peu en lumière depuis le tournage du film de Diana Donovan : je peux vous aider pour cela aussi.

C'en était trop !

— J'en suis sûre, Mikki, répondis-je en essayant de garder mon calme.

À ce moment-là, il y eut un grand vacarme dans le hall et une quinzaine de bouts de chou accompagnés par leur maître, Douglas, débarquèrent dans l'auditorium.

— Salut, les enfants ! m'écriai-je.

— Salut, Ashley ! lancèrent-ils en chœur alors qu'ils s'asseyaient par terre.

— Je te les laisse, souffla Douglas. Je vais faire une pause café.

Il fit demi-tour et sortit de l'auditorium. Douglas avait trente-trois ans. C'était un petit bonhomme tout rond avec des cheveux courts, qui ressemblait à un gros nounours. Les enfants l'adoraient. Mary-Kate me rejoignit au bord de la scène.

— Les enfants, je voudrais vous présenter quelqu'un de très spécial, annonçai-je. Voici ma sœur Mikki, elle va interpréter le rôle de... Devinez qui ?

— La méchante reine ! hurla un petit garçon prénommé Darren.

— Bravo ! dis-je.

Mary-Kate fronça les sourcils, agita les mains comme si elle possédait de longues griffes et poussa un cri lugubre pour imiter le rire de la méchante reine.

— Ha-ha-ha-ha ! Tu ne m'échapperas pas, Blanche-Neige !

Les enfants se mirent à pousser de grands cris entre rire et frayeur.

— Elle fait peur, on dirait vraiment la méchante reine ! s'écria Darren.

— Mikki connaît plein de choses sur le théâtre, expliquai-je aux enfants. Nous allons lui montrer la scène que nous avons répétée tous ensemble hier. Allez, les sept nains, au travail !

Les sept nains se levèrent d'un bond.

— Mary-K... Mikki. Je te présente les sept nains !

— J'ai hâte de vous voir jouer, dit-elle en souriant.

— Très bien, les enfants, dis-je en les alignant derrière le rideau de scène. Rappelez-vous, c'est le début de l'histoire. Les nains rentrent chez eux après leur journée de travail à la mine. Ils sont tristes parce que leur maison est en désordre et qu'aucun d'entre eux ne sait faire le ménage ou la cuisine. Ça va, on peut commencer ?

Mary-Kate, Brittany et moi regardions les petits jouer leur scène. Ils prenaient ça très à cœur.

Pendant qu'ils récitaient leur texte, Brittany m'adressa un clin d'œil de satisfaction.

— Bravo, les enfants, on va s'arrêter là pour le moment.

Je me tournai vers Mary-Kate.

— Alors ? Qu'en dis-tu ?

— Je sens que je vais pouvoir vous aider. Je dois m'entretenir avec Grincheux et j'enchaînerai avec Timide.

— Tu veux bien venir ici, Hanna ? Mikki voudrait te parler.

[...]

Et aussi :

Mary-Kate and Ashley

Sweet 16

1. Premier baiser
2. Croire à son rêve
3. Un été parfait
4. Route et déroute
5. Nos rêves les plus fous

Suis pas à pas la formation du groupe de Lisa, Nora, Jim, Thomas et Marc :

musik et compagnie

1. **Premiers accords**
2. **Trop beau pour être vrai**
3. **Coup de cœur**
4. **Future star**

Découvre la collection :

Heartland

1. Je reste !
2. Après l'orage...
3. Une nouvelle chance ?
4. Le prix du risque
5. L'impossible retour
6. Un jour, tu comprendras
7. Le champion brisé
8. Le cœur noué
9. Le messager de l'espoir
10. Une ombre au tableau
11. La vérité... ou presque
12. D'obstacle en obstacle
13. Coups du sort
14. Tout change !
15. Une autre famille
16. Un retour mouvementé
17. Un espoir dans la nuit
18. Le courage de partir
19. Le choix d'une vie
20. Un si grand bonheur
21. Demain est un autre jour
22. Au-delà de l'horizon
23. Un nouveau venu
24. L'amour n'est pas aveugle

Le guide de Laura *(hors-série)*

Cet ouvrage a été composé par
PCA - 44400 REZÉ

Impression réalisée sur Presse Offset par

BRODARD & TAUPIN

GROUPE CPI

La Flèche (Sarthe), le 31-05-2006
N° d'impression : 35128

Dépôt légal : juin 2006

Imprimé en France

POCKET jeunesse

12, avenue d'Italie

75627 PARIS Cedex 13

超！・自分マネジメント整理術

行・動・科・学で3倍の成果を上げる方法

石田淳
行動科学マネジメント研究所 所長

インデックス・コミュニケーションズ

マネジメント」という科学的な方法をベースにしています。

そのため「自分マネジメント整理術」は、**意志の強さや性格にかかわらず、誰でも実践し続けることができます。**

「自分マネジメント整理術」を身につけると、これまでよりずっと短い時間で仕事をこなせるようになり、その結果得られた「時間」を活用して、「忙しいから……」とあきらめていた勉強や趣味などにチャレンジできるようにもなります。

「自分マネジメント整理術」がかなえるのは、効率化や時間短縮だけではありません。

仕事の内容や段取りを「整理」することにより、〝業績アップ〟〝目標達成〟といった成果を手に入れることも可能になります。

もしあなたが「整理」の概念を、いわゆる整理整頓のイメージだけでとらえているなら「そんなバカな」と思われることでしょう。

本書で取り上げる「整理」とは、単に見た目だけをきれいに整える整理整頓ではなく、「重要なもの」と「不要なもの」を素早く正確に見分け、不要なものを取り除くというテクニックです。こうすることで、成果は必ず上がります。

また、「自分マネジメント整理術」を活用すると、ゴチャゴチャしていた頭の中の情報やアイデアもすっきりクリアになります。

いい仕事は「整理」をすることから始まるのです。

仕事の内容、身の回りの環境、頭の中と「整理」するカテゴリーを広げ、「整理」のスキルを高めていくと、あなたが「いつの日かきっと……」と思い描いている「目標」を実現できる可能性も飛躍的に高まります。

なぜなら「**自分マネジメント整理術**」は、**目標達成のための最強方法**だからです。最後まで読み終えたら、ぜひ本書の巻頭にある「自分マネジメント・ノート」に書き込みをしてみてください。

さて、本書には少々堅苦しい専門用語がときおり登場しますが、「自分マネジメント整理術」の実践方法はとってもシンプル。

しかも人間の行動を徹底的に研究して構築された「行動科学マネジメント」がもとになっているので、誰でも無理なく継続することができます。

私自身の具体的な整理法なども含め、わかりやすくご紹介していきましょう。

みなさんが「自分マネジメント整理術」を身につけ、人生をいっそう充実したものにするお手伝いができれば幸いです。

2008年8月吉日

著者

STEP 1　JIBUN MANAGEMENT

「整理」のカギは行動科学にある

CONTENTS

STEP 2

JIBUN MANAGEMENT

自分マネジメント整理術1（仕事の中身を整理する）

STEP 3 JIBUN MANAGEMENT

自分マネジメント整理術2（環境を整理する）

STEP 5 自分マネジメント整理術でさらなるステップ

JIBUN MANAGEMENT

装幀／大下賢一郎
本文デザイン・DTP／マッドハウス

STEP 1

JIBUN MANAGEMENT

「整理」のカギは
行動科学にある

Chapter 1

私に「整理」を教えてくれた行動科学マネジメント

私がこの本を執筆することになったのは、ある人に言われた言葉がきっかけでした。「石田さんって、日頃から自然に整理ができていますよね。〝行動科学〟と〝整理〟の間には、何か関係があるんですか?」

この言葉を聞いて「ああ、なるほど。確かに行動科学マネジメントを確立してから、自分自身に関する〝整理〟やマネジメントもスムーズにできるようになったなぁ」と気がついたのです。

しかし、そんな私も昔は、自分自身のマネジメントはもちろん、部下に対するごく基本的なマネジメントもできていませんでした。

「行動科学マネジメント」を完成させる以前の私自身のビジネス環境を思い起こしてみると、オフィスのデスク回りは書類や資料であふれ、外回りの際には、「ひょっとしたら、訪問先で必要になるかもしれない……」とあれもこれも詰め込み、パンパンにふくらんだ営業カバンを持ち歩いていました。

また、仕事の段取りや中身に関しても〝整理〟できていないので、1から10まですべての業務に全力で取り組んでいました。そのため毎日、朝から晩まで仕事、仕事……。徹夜も珍しいことではありませんでした。

しかし「行動科学マネジメント」を確立し、自ら実践し始めてからは、どこが重要なのかを素早く、確実に見極められるようになりました。

そのおかげで、オフィスに保管しておく書類や資料は必要最小限のものだけに〝整理〟でき、カバンの中身も以前と比べものにならないほどスッキリ。

ビジネスの段取りも明確に〝整理〟できるようになり、効率が飛躍的に高まったため、もちろん徹夜仕事などがなくなりました。その上、友人との会食、趣味の読書、健康づくりのためのランニングなど、自分自身を豊かにするための時間を充分に確保できるようになったのです。

実は私は今から10年前、勤めていた上場企業から独立し、自身の会社経営を始めました。

ビジネスは非常に短い期間で軌道にのり、事業規模は順調に拡大。社員数もどんどん増え、まさに順風満帆といった状況でした。

ところがある時期を境に、社員の定着率が急激に下がり始めたのです。

私は自分のマネジメント方法に問題があることに気づき、手当たり次第に本を読み、さまざまなセミナーを受講しました。

しかしながら、私が抱えている問題を解決してくれるマネジメント方法はまったく見つからず、状況は深刻化していく一方でした。

「社員をいかにマネジメントすればいいのか？」

その答えを求めて、私は数えきれないほどの本を読みました。

しかし、当時の多くの書籍が「やる気だ」「気合いだ」などの精神論が中心で、「経営者には人間的な成長が必要」だと書いてあったりしました。

もちろんその通りです。

ところがその先を読み進めても、〝そのためにどうすればいいのか？〟がまったく書かれていないのです。

成功者のサクセスストーリーもたくさん読みました。

しかし、優れたリーダーが自らの経験や勘にもとづいてつくり上げた成功哲学は、一般の人間には真似のしようがありません。

そして、**それから4年後の夏、ついに10名の社員がそろって退職するという、とんでもない事態にいたったのです。**

アメリカで広まった「行動分析学」にもとづくマネジメント・メソッドに出会ったのは、その直後のことでした。

「人間の行動を科学的に分析する」という明解な理論に大きな可能性を感じた私は、すがるような思いですぐさま渡米し、そのメソッドを学びました。

そして帰国後、**自社でこのメソッドを実践したところ、社員たちの意識は目に見えて向上し、職場はかつての活気を取り戻しました。**

ただし、すべてが順調だったわけではありません。アメリカ人の手で体系化されたものなので、どうしても日本ではうまくいかない部分が出てきたのです。

そこで私はメソッドの基本をふまえつつ、日本の習慣に合った要素を加えながら、実践と改良を繰り返しました。

こうして完成したのが、**「行動科学マネジメント」**です。

Chapter 2

〝いつ・誰が・どこで〟やっても同じ結果が得られる

「行動科学マネジメント」のベースとなっている「行動分析学」の目的は、**行動のコントロールを可能にする法則**を見いだすこと。

そこで解明された数々の「行動の原理」は、いずれも実験結果から導きだされたもので、科学的な裏づけがあります。

ですから数学の公式や物理の法則と同様、同じ条件のもとでは同じ結果が得られます。

つまり〝**いつ・誰が・どこで**〟**やっても同様の結果が得られる**のです。

このことを、科学の世界では**「再現性」**と呼んでいます。

ある実験で、すばらしい結果が得られたとしても、それがたった一度きりのことであれば〝信頼できる実験結果〟とは言えません。

同一の条件のもとで、その実験を誰が何度繰り返しても同じ結果が得られれば、その実験には「再現性」があるとみなされ、信頼できるデータとして後々まで引き継がれていくのです。

「行動分析学」も、それをもとに構築した「行動科学マネジメント」も、再現性を重視する〝科学的分析手段〟をベースにしています。

ですから「行動科学マネジメント」を正しく実践すれば、誰もが着実に結果を出すことができるのです。

科学的な手法といっても、実際のプロセスは難解なものではありません。誰でも簡単に実践できるものです。

しかも「行動科学マネジメント」には、成果達成に欠かせない**「望ましい行動」**を

継続するための工夫が施されています。

「私は何をやっても続かない……」という人も含め、**誰もが「望ましい行動」が継続でき、それを習慣化できるようになります。**

「行動科学マネジメント」の実践を始めたことにより、私の会社の業績も飛躍的にアップ。

その後の5年間で売り上げを約5倍まで増やすことができました。

この「行動科学マネジメント」と、本書のテーマである「整理」の間には、非常に深い関係性があります。

なぜなら、「行動科学マネジメント」の実践で必ず行う**「行動を分解して、重要な行動と不要な行動を見分け、不要な行動はカットする」という過程は、まさに「整理」そのもの**だからです。

そして、日々の「整理」の継続・習慣化には、「行動科学マネジメント」による継続のためのプログラムがうってつけです。

まさに「整理」と「行動科学マネジメント」は表裏一体の関係。

ですから私は、「行動科学マネジメント」を身につけたことで、世間で言う整理上手になれたのです。

しかも「整理」のスキルがアップすることで、自分自身のマネジメント能力を、さらに高めることができました。

Chapter 3

なぜ、あなたは整理ができないのか？

あなたの周りにこんな人はいませんか？　これは、私が行うセミナーで聞いた整理ができない人々の話です。

A君のデスクの上は常にファイルや会議資料がうず高く積まれ、いつ雪崩が起きてもおかしくない状態。

必要な書類を探しだすのに時間がかかるので、アポイント先へ到着するのも、社内会議で席に着くのも、いつも滑り込みセーフです。

引き出しの中には、ボールペンやマジックが数えきれないほど入っているのに、いざ使おうとすると、手に取ったペンはことごとくインクがからっぽ。

「〇〇商事の〇〇部長の連絡先、今すぐわかるか？」
「はい。少々お待ちを……」
名刺フォルダを何度めくっても、肝心の名刺は一向に見当たりません。
「ほかを当たるから、もういい！　キミは名刺の管理もできないのか」
こんな事態に直面するたびに、A君は「あぁ、僕はなんてだらしのない性格なんだろう」と落ち込み、「今度こそ！」と整理整頓を心に誓うものの、うまくいったためしがありません。

Bさんは、外回りを終えてオフィスに戻るのが憂うつです。
すぐに報告書に取りかかりたいけれど、見積書の作成、経費の伝票の処理、「要・折り返しTEL」と書かれた、たくさんの伝言メモ……。片付けなければいけない仕事が山積みで、いったいどこから手をつけていいのか見当もつきません。
仕方がないので、目についた用件から順に処理していきますが、定時に帰ることなどとてもかなわず、今夜も深夜残業。

同期入社の同僚たちも、Bさんと変わらない量の仕事を抱えているのに、なぜかみんな仕事をテキパキと済ませ、飲みに行ったりする余裕があるのです。

そしてBさんは、ほかの社員たちが去った後の静かなオフィスで、ふと気づくのです。「今日も結局、ダイレクトメールを送った先へのフォロー電話がかけられなかった」……と。

彼らはなぜ整理できないのでしょうか？

セミナーなどで、私はこれまで彼らのように、身の回りや仕事の段取りを「整理」できないことに悩んでいる、数多くの人々に会ってきました。

あるビジネス雑誌によると、**ビジネスパーソンの悩み事に関するアンケートを行うと、「整理」は必ずトップ5に入るのだそうです。**

そして整理の悩みを持つ人の多くが、「根性がないから」「性格上、向いていない」など、整理ができない原因が自分の内面にあると思っています。

しかし、**それは明らかな間違いです。整理ができない理由は、**

- **「整理のやり方」がわかっていない**
- **やり方はわかっているが「継続する方法」を知らない**

この二つしかありません。

では、**一つめの「整理のやり方がわからない」**から、順に見ていきましょう。

まずは身の周りのモノの整理については、これまで書籍や雑誌、テレビ、ネットなどを通じて、数えきれないほどの「整理法」が紹介されています。

ですから、ファイリングや収納のノウハウといった〝整理に関する知識〟は誰でも簡単に手に入れることができます。

ところが、いざ自分自身で実践しようとすると、何をどうしたらいいのかわからない、という人が多いのです。

なぜなら、**「何の目的で整理をするのか？」「どれが重要なもので、どれが不要なものか？」**が明確になっていないから。

それが明確になっていなければ、ファイリングや収納ノウハウなどの整理テクニックを知っていても、活用することはできないのです。

仕事の段取りの場合も、整理できない最大の理由は、「重要な仕事と、そうではない余計な仕事」を見極めることができないから。

もちろん「重要な仕事」に優先順位をつけることもできません。

いわゆる**仕事のできる人は、「この部分が重要だ」ということを即座に判断し、そこに重点的に時間やパワーを割いています。**

その分、無駄なことや余分なことは、スパッと切り捨てる。

ですから、当然ながらおのずと成果が上がります。

それがわからないと、重要なことにも無駄なことにも平等に時間をかけてしまうので、労働時間が長いわりに、さしたる成果は上がりません。

仕事の段取りの「整理」が身につけば、それまでの2倍3倍の成果を上げられることでしょう。

二つめの「継続する方法を知らない」ということは、整理整頓に限らず、ダイエット、禁煙、勉強、読書など、さまざまなシーンで、数多くの人が経験しています。

そしてそのたびに「忍耐力が足りない」と自分の性格を呪い、第三者からは「セルフマネジメント（自己管理）のできない人」というレッテルを貼られてしまいます。

では、

「整理のやり方がわかっている人」

「整理を継続できている人」

は、何か特別な才能を持った人なのでしょうか？

いいえ違います。

「行動科学マネジメント」を正しく活用すれば、どんな人でも「整理のやり方」がスッキリとわかり、それを「継続」して習慣化することができるのです。

つまり「整理をきちんと実行できる。そして、ずっと続けられる」のです。

Chapter 4

行動科学マネジメントの三つの魅力

ではここで、「行動科学マネジメント」がいかに優れたメソッドであるかを、特にセルフマネジメントにおける魅力に絞ってご紹介しましょう。

魅力1 〝科学〟なので誰にでも効く

「行動科学マネジメント」のもとになっている「行動分析学」は科学です。

数学の公式や物理の法則と同じように、**〝いつ・誰が・どこで〟やっても同じ結果を得ることができる**という条件をクリアしながら、「行動の原理」を定義づけてきました。

「行動分析学」が導きだした原理は、人材マネジメントや経営の問題で頭を抱えていた社長から、セルフマネジメントが上手にできないと悩むビジネスパーソンにいたるまで、何千ものトラブルを解決してきました。

魅力2 精神力も根性もいらない

「自分の行動は、自分の意志によるものだ」

多くの人がそう考えていますが、これはまったくの思い込みです。実は行動が起こるのには原理原則があるのです。

あらゆる行動は次の三つの要素から成り立っています。

A 先行条件（Antecedent）……行動の直前の環境

↓

B 行動（Behavior）……行為・発言・ふるまい

C　結果（Consequence）……行動した直後に起きた環境の変化 ←

このABCの因果関係において、〝意志〟がおよぼす影響はごく一部でしかありません。ですから自分の「行動」を自分の〝意志〟や〝気合い〟だけでコントロールできないのは、当然のことなのです。

そのため「行動科学マネジメント」を理解すると、「忍耐力がないから、また失敗した」などと自分を責めるのは無意味なことだとわかります。

さらに、

「仕事ができないのは、気合いが足りないからだ」

「あいつには根性がない」

「あの人は営業に向いていない」

といった具合に、ほかの人の人格を非難したり、否定したりすることもなくなります。

魅力3　これまで続かなかったことが継続できる

たとえば、

・時間管理や行動管理
・ダイエット
・禁煙
・語学学習

など、これまでどんなにがんばっても挫折していたことが続けられるようになります。

しかも「行動科学マネジメント」では、望ましい行動を継続させるために、ポイントカードやシール、ごほうびなど、さまざまな仕掛けを駆使するので、ゲーム感覚で楽しむことができるのです。

Chapter 5

超！自分マネジメント整理術とは

「整理」という言葉を、辞書（『大辞林』／三省堂）でひくと、

① 乱れているものをそろえ、ととのえること。
② 不必要なものを取り除くこと。

と書かれています。

人は「整理」という言葉を耳にしたとき、第一の意味、つまり整理整頓のようなことを連想しがちですが、ビジネスにおいては第二の意味＝不必要なものを取り除くと

いうことが非常に重要になります。

私が提唱している「行動科学マネジメント」は、「行動」を分析し、その結果、明らかになった「望ましい行動」を継続できるようになるマネジメント・メソッドです。

「行動科学マネジメント」では、まず**行動を分解して、重要な行動と不要な行動を見分け、不要な行動は捨てる（または減らす）**という作業を行います。

これは、まさにビジネスにおいて重要な「（第二の）整理」の過程そのもの。

ですから**「行動科学マネジメント」を成功させるためには、「整理」のスキル**が不可欠です。

つまり、行動科学に基づいた整理法を身につければ、自然にセルフマネジメント能力が身につくのです。

このように非常に相性のよい「整理」と「行動科学マネジメント」を組み合わせれば、仕事の段取り、身の回りのモノ、思考など、ビジネスにまつわるあらゆる事象がスッキリ管理できるのではないか？

そんな発想をもとに構築したのが、本書で紹介する**「自分マネジメント整理術」**です。

それでは「自分マネジメント整理術」のプロセスを簡単に解説しましょう。

ステップ1 重要なモノ（こと）「ピンポイント行動」を見極める

・重要なモノ（こと）と不要なモノ（こと）を見分け、不要なモノ（こと）は捨てる

モノの整理であれば、それを手に取り、「必要なモノ」「不要なモノ」を選り分けます。ビジネスの現場でモノを手元に残す目的は、それを使う・活用するということです。

ですから、ここで**「使うか？」「捨てるか？」のルールを明確化する必要**があります。

整理の対象が、仕事の段取りのように目に見えない事象の場合は、最初に一連の「行動」を細かく分解する（＝書きだす）という作業をします。

そして、「結果に結びつく重要な行動（行動分析学では「ピンポイント行動」と呼びます）」と「不要な行動」に分け、ピンポイント行動には優先順位をつけます。

「重要か？」「不要か？」を決める基準は、その行動が求める成果に直結しているかどうか、という一点のみ。

ビジネスは「成果を上げること」が目的ですから、この視点にブレがあってはいけません。

ステップ2　なすべき行動を一目でわかる形に

・モノは整理の完成形を写真や図などで「ビジュアル化」。ピンポイント行動は具体的に「言語化」

デスクの上のモノやパソコンの中のファイルは、整理された状態をつくり、それを**一目でわかるように「ビジュアル化」します**（写真、イラスト、図式など）。最初だけ手間がかかりますが、一度、完成形を「ビジュアル化」したものをつくっておけば、その後はスムーズに整理できます。

仕事の段取り（行動）の分解・整理によって判明した、成果を上げるための「ピンポイント行動」は、具体的な表現で「言語化」します。

ビジネスの現場では「一生懸命やる」「誠意を尽くす」といった曖昧な表現が使われがちですが、「行動科学マネジメント」では数値を交えて、他者がそれを読んでも確実に同じ行動ができるような形に「言語化」することを重視します。

たとえば、新規の顧客をどんどん増やす、ではなく、**新規営業の電話を毎日30本かける**といった具合です。

ステップ3 ピンポイント行動を計測

・その行動が「成果」に直結しているか確認する

このステップは、ビジネスにおける**「ピンポイント行動」**について行います（モノの整理の場合は不要です）。

選択した「ピンポイント行動」が、

・本当に「成果」に直結しているのか？

・その「ピンポイント行動」の量（回数）は最適か？

を確認するために、「ピンポイント行動」の回数を計測します。

「行動」が増えたら、「成果」が上がった、となれば、その「行動」がまさに「ピンポイント行動」であるという証拠です。

現在行っている回数でいいのか？　もっと増やすべきなのか？　をさらに考えます。

もし、ある「行動」と「成果」の増減に相関関係がなければ、それは「ピンポイント行動」ではないということ。

再度「行動」を整理・検討し直します。

ステップ4 継続のためのプログラム（強化）

・「ポイントカード」で続けられる環境をつくる

「行動科学マネジメント」のプログラムにしたがって、**「望ましい行動」**が継続しやすい環境をつくります。これを行動分析学では**「強化」**と呼びます。

「強化」に用いるツールの代表は「ポイントカード」。

ビジネスの世界では、日頃評価されることのない「整理」や「行動」を、きちんと評価できる仕組みなので、モチベーションを損なうことなく、継続・習慣化がかないます。

以上の四つのステップを実行することで、これまでゴチャゴチャとしていた仕事の中身、身の回りの環境、頭の中などがスッキリとクリアになります。

しかも「成果」に直結する「ピンポイント行動」が明確になり、それを確実に実行・継続できる。

それが、**「自分マネジメント整理術」**です。

従来の単なる整理整頓技術とはまったく違うということが、おわかりいただけたことと思います。

「自分マネジメント整理術」の流れ

	仕 事	モ ノ
ステップ1	重要なこと（ピンポイント行動）を見極める	重要なモノを見極める
↓		
ステップ2	ピンポイント行動を具体的に言語化	整理の完成形をビジュアル化
↓		
ステップ3	ピンポイント行動を計測	
↓		
ステップ4	継続のための強化	継続のための強化

Chapter 6

「自分マネジメント整理術」は時間生みだし術！

整理のできていない人は、日々の業務におけるさまざまな場面で「余計なこと」「無駄なこと」をし、そのために時間をとられています。

そうすると、当然ながら労働時間は長くなります（あるいはその分、重要な仕事にかけられる時間が短くなります）。

「自分マネジメント整理術」では、成果にいたるまでの行動を一つひとつ分解するので、今まで気づかなかった「余分な行動」や「無駄な行動」が浮き彫りになります。

そして、これらをカットすることにより「効率アップ」が可能になり、今までと同じ量の仕事を、これまでよりずっと短い時間で終えることができるのです。

つまり、新たな時間が生みだせるということ。

その時間をどう使うかは、あなた次第。

手に入った時間を、さらにビジネスに費やせば、結果的にそれまでの2倍3倍もの成果を上げることができるでしょう。

あるいは、「自分マネジメント整理術」による効率アップで労働時間を減らし、その時間を自分自身の人生を充実させるために使うこともできます。

現在の私のライフスタイルはこちらです。

ここ数年、ビジネスパーソンをめぐる大きな課題として「ワーク・ライフ・バランス」が話題になっています。

これは「仕事と個人の生活のバランスがとれた生き方を目指そう」という考え方で、1990年代にアメリカで生まれました。

ここでいう個人の生活には、『趣味の充実』「スキルアップのための学習」「家族とのコミュニケーション」「子育ての協力」「家庭や地域社会での貢献活動」など、さまざまなことが含まれています。

仕事以外の生活が充実すると、

・仕事への意欲や生産性も高まる
・少子化対策になる

ということで、政府も企業も「ワーク・ライフ・バランス」に高い関心を持ち、その実現に向けて取り組みを始めています。

しかし、就業時間の短縮や、個人の生活を考慮した新たな就業スタイルといった実際のシステムが、いつになったら始まるか定かではありません。

ですから「自分マネジメント整理術」を活用して、自ら、いち早く、積極的に〝自分時間〟をつくり、あなたの「ワーク・ライフ・バランス」をかなえようではありませんか。

ここまで、ビジネスに関わる行動、環境、思考などを「整理」し、仕事の効率を高めながら「成果」を上げる「自分マネジメント整理術」の概要を駆け足でご紹介してきました。

次章からは、いよいよ具体的なケースを交えながら、「自分マネジメント整理術」の実践方法を解説していきます。

STEP1のまとめ

◎整理ができないのは、性格など内面の問題ではない
◎「整理のやり方」「継続の仕方」を知らなかっただけ
◎「行動科学」の助けがあれば、誰でも同じようにできる
◎行動科学は「自分マネジメント」も可能にする
◎「自分マネジメント整理術」で自分時間が手に入る

STEP 2

JIBUN MANAGEMENT

自分マネジメント整理術1
(仕事の中身を整理する)

Chapter 1

「結果」は行動の連続で生まれる

さて、いよいよここからは具体的な場面やテーマに沿って、「自分マネジメント整理術」の実践法を解説していきます。

まずは、毎日の仕事について考えましょう。

今、あなたの仕事上での望みは何ですか？

「業務のスキルを高めたい」「営業成績を上げたい」「上司からもっと評価されたい」など、何らかの成果を上げることを望んでいるなら、そのための「行動」を整理しなければなりません。

従来のマネジメントでは、「売り上げ1000万円アップ！」「顧客流出率を半分に！」といった目標を掲げたら、あとは**「結果」**しか見ません。

そこには、結果にいたるまでの「具体的な行動に着目する」という発想が完全に抜け落ちています。

これは大きな間違いです。

なぜなら「結果」は行動の連続によって生まれるものだからです。

少し話がとびますが、地球温暖化問題について考えてみてください。

このままではいけないという「意識」や「思い」は、世界中どの国のリーダーも、どの企業の経営者も持っています。

問題の原因が「意識」や「思い」にあるなら、すでに環境問題は解決していてもよいはずです。

にもかかわらず、CO_2排出量が思うように減少していないのはなぜか？

CO_2削減のための「行動」が、充分ではないからです。

成果は人の行動が生みだす結果です。

そして仕事とは、まさしく行動の集積。

日々の行動が積み重なったものが仕事の結果となります。

ですから、仕事で今よりも成果を上げたい（＝結果を変えたい）なら、結果にいたる行動を変えなければなりません。

繰り返しになりますが、**結果を変えるには行動を変える以外に方法はありません。**

売り上げを伸ばしたいのであれば、売り上げを伸ばすための行動を行えばいい。

極めてシンプルな真理なのです。

Chapter 2

成果を左右する「ピンポイント行動」

「行動を変えることで、望み通りの結果を生みだす」

この行動科学的アプローチを実践する際、重要なカギとなるのが、「結果をだすために必要な行動とは何か?」を見つけだすこと。

自分マネジメント整理術では、この「結果に結びつく重要な行動」のことを「ピンポイント行動」と呼びます。

たとえば、望む結果が「売り上げアップ」ならば、売り上げに直接結びついている行動が「ピンポイント行動」です。

オセロゲームを思いだしてみましょう。

オセロゲームで勝つための「ピンポイント行動」は、角をとること。

角をとった人が勝つ。

でも、そのことを知らない人は、最初から最後までひたすら相手の色の駒を裏返すことに尽力します。

そして知らぬ間に角をとられ、気がつくと盤面上の駒は相手の色ばかりに……。

仕事もこれと、同じです。

成果を上げられない人は、すべての行動に同じだけのパワーを使っています。

もっとも力を注ぐべきは、角をとること＝「ピンポイント行動」だということに気づいていないのです。

「ピンポイント行動」を見つけだし、そこに時間やパワーをかける。

このプロセスが、**仕事の成果を大きく変えてくれます。**

Chapter 3

「行動」を分解し、できる人から学ぶ

たとえば、営業という仕事のプロセスは、実にさまざまな行動で構成されています。典型的な法人営業活動のプロセスを、大まかな行動に分解するとこんなふうになります。

・顧客リストをつくる
・顧客に電話をかける
・顧客への訪問日時を決める
・顧客を訪問し、要望を聞く
・プラン提案用資料をつくる

・プレゼンテーションする
・クロージングをかける

など。

成約件数を上げるという「結果」に直結しているか？　という視点で、行動をつぶさにチェックしていくと、「電話をかけることはおそらく、ピンポイント行動だろう」「リストづくりはさほど意味がないかも……」「お客さんと話す時間を徹底的に増やした方が、成果につながるのでは？」など、さまざまなことが見えてきます。

そして、次にすることは**あなたの職場にいる優秀な営業マンの行動の観察**です。

成果をだしている人は、成果が出る行動をしています。

彼らの行動をじっくり観察して、それを分解し、自分の行動と比較してください。

そして、その人の行動の中からよいと思われるものを取り入れるのです。

営業先での行動については、「あなたの仕事ぶりを勉強したいので、今日1日同行させてください」と願い出ればいいでしょう。

よほどのへそまがりでない限り、こんなふうに言われて断る人はいないはずです。

特に営業の場合、お客さんへの最初のひと言など、ちょっとしたことがすごく重要だというケースが多いもの。

「へぇ、あんなやり方をするのか……」と気づいたら、それを「ピンポイント行動」の候補にして、自分でもやってみればいいのです。

Chapter 4

「ピンポイント行動」を「言語化」する

さて、自分が定めた「成果に直結しているピンポイント行動」を、確実に実行するために必要なのが、やるべき「行動」の内容をできるだけ具体的に表現することです。

この作業は行動分析学の世界では「言語化」と呼ばれており、**「自分マネジメント整理術」において非常に重要なプロセス**です。ただし、

・モチベーションを上げる
・信頼関係を深める
・売り上げを伸ばす

職場などで〝行動目標〟としてよく使われるこういった抽象的なフレーズを、行動分析学では「行動」と呼びません。**「行動」は具体的でなければならない**のです。

では、どんな行動が「具体的な行動」なのか？

それを定義するため、行動分析学には「具体性の原則」というものがあります。「具体性の原則」は次の四つの条件から成り立ち、その頭文字をとって「ＭＯＲＳの法則」とも呼ばれます。

- Measured　計測できる（数値化できる）
- Observable　観察できる（どんな行動をしているか、誰が見てもわかる）
- Reliable　信頼できる（誰が見ても同じ行動だと定義できる）
- Specific　明確化されている（何をどうするか明確になっている）

この条件を満たしていないものは「行動」ではないのです。

逆に言えば、やるべき「行動」を、この法則に当てはまるように具体的に「言語化」すれば、その「行動」は必ず習慣化できます。

たとえば、

「お客様との信頼関係を深める」

↓

「顧客へのフォロー電話を1日5件かける」

「売り上げを伸ばす」

↓

「販促チラシを週に200枚配布する」

「行動」を具体的に表現するコツは、「ほかの人がそれを読んで、確実に行動できるか？」を考えること。

自分が目指している「行動」であっても、第三者にもわかる言葉で表現するのです。

誰が読んでもわかるレベルにまで具体的に言語化すると、「行動」の実行が容易になり、さらに本当に「行動」できているかどうかも明確に確認できます。

「たぶん、前よりモチベーションは上がっているはず」「だいぶ信頼関係ができてきたんじゃないかなぁ」

そんな情緒的で不確かな判断とは決別しましょう。

「行動」を言語化する作業は、自分自身のなすべき行動を整理するときだけでなく、リーダーとして部下の行動をマネジメントするときにも非常に役立ちます。

「もっときちんとやりなさい」

「頭を使って、しっかり契約をとりなさい」

これでは、成果にはつながりません。

部下にやらせたい「行動」を具体的に「言語化」すれば、指示やアドバイスは的確に伝わり、結果的に仕事がうまくいきます。

Chapter 5

「余分な行動」の存在を自覚しよう

ここで、仕事の**「結果」**と**「行動」**の関係を、別の切り口から見てみましょう。

では、科学的な手法をベースにしている「自分マネジメント整理術」らしく、「結果」と「行動」の関係を「数式」にたとえて考えてみましょう。

中学校で習った「素因数分解」を覚えていますか。

ある整数を、素数を使ったかけ算に分解するのが「素因数分解」でしたね（素数＝その数と1でしか割り切れない2以上の整数。2、3、5、7、11、13、17……など）。

たとえば33という数字を素因数分解すると、

33＝3×11　となります。

では、次に333333でやってみましょう。

333333＝3×3×7×11×13×37

答えはこうなりました。

「333333」を仕事の「結果」にたとえると、「3」「7」「11」「13」「37」という素因数は「行動」に相当します。

この等式が成り立つためには、かけ算の中にこれ以外の素因数が入っていてはいけません。

つまり「余分な行動」が入っていると、望む「結果」にはならないということ。

また、たとえば本来「7」であるべきところを「5」に変えたら、**333333という「結果」にはなりません。**

求める「結果」に到達するためには、それに直結した「行動」を積み重ね、「余分な行動」は排除しなければならないことがイメージできたでしょうか。

では、今度は身近な話題を題材に話を進めましょう。

あなたは学生時代に、こんな経験がありませんでしたか？

学校の定期試験前に「さあ、勉強を始めよう！」と勉強机の上を片付けていて、マンガを発見し、ついつい読み始めてしまい、いつの間にか1時間も経っていた……。

「いかんいかん！　マンガなんか読んでる場合じゃないよー」。

大人になった今も、日頃の仕事の中で、こんなことが往々にして起きています。

もちろんマンガを開いていれば、「これは余分な行動（やめなきゃいけない行動）だ」とすぐに自覚できますが、仕事の中での余分な行動は自分で気づいていないことがとても多いのです。

ですから、一連の仕事の流れを構成している「素因数（＝行動）」を書きだし、それが本当に求めている「解答（＝成果）」になっているのかどうか、「整理」するという作業が必要なのです。

人は楽な行動に流れます。

たとえば営業マンなら資料づくり。

ワープロソフトに用意された多彩なテクニックを駆使して美しい文書に仕上げていると、いかにも仕事をした気分が味わえますが、「その行動が成果に直結しているか？」という視点で見ると、ほとんど意味がありません。

資料はあらかじめ3〜4パターンつくっておいて、顧客のニーズや条件に合わせてそこから選択し、宛て名を入れるだけでよいかもしれない。

これは私の経験からも言えることですが、その分の時間を使って、アポどりを徹底した方が確実に結果につながることでしょう。

Chapter 6

「計測」でピンポイント行動を確認

私は現在、三つの会社を経営しながら、年間100本程度のセミナーと4~5冊の本の執筆を並行し、さらに三つのプロジェクトを抱えています。

会社経営や、セミナー、執筆における「ピンポイント行動」はすでに把握していますが、新しく手がける仕事については「ピンポイント行動」を探さなくてはいけません。

そんなときは、**やはり結果をだすために必要だと思われる一連の行動を分解して書きだします。**

しかし、初めて手がける仕事なので、どれが「ピンポイント行動」なのかすぐには判断できないことが少なくありません。

そこで駆使するのが、行動分析学の世界で**「メジャーメント（計測）」**と呼ばれているテクニックです。

端的に言うと、行動した回数を数えるのです。

ですから、この行動が結果に結びついているかどうか、つまりそれが「ピンポイント行動」なのかどうかを正確に把握したければ、その行動の数を増やしてみて、効果を検証すればよいのです。

結果に直結している「ピンポイント行動」を増やせば、必ず結果に表れます。

一番よいのは計測データをグラフにすること。

営業のアポどりであれば、電話をかけた回数をグラフにします。

「どの時間帯に電話をかけると、より成果が上がるのか」を検証したければ、何日かごとに時間帯を変えて電話をかけ、その回数をグラフに表します。

そして「ピンポイント行動」の回数の増減と、「結果」の増減を比較すれば、おのずと結果に直結した「ピンポイント行動」が明らかになります。

「おそらくこれが、ピンポイント行動だろう」と**勘や感覚に頼るのではなく、数値による科学的な裏づけを得ること**で、自信を持ってその行動に尽力できます。

そして当然ながら、結果をだすことができるのです。

結果に直結する「ピンポイント行動」の回数をグラフ化し、その数が毎日増えていることを目で見て確認することは、

計測データをグラフ化する

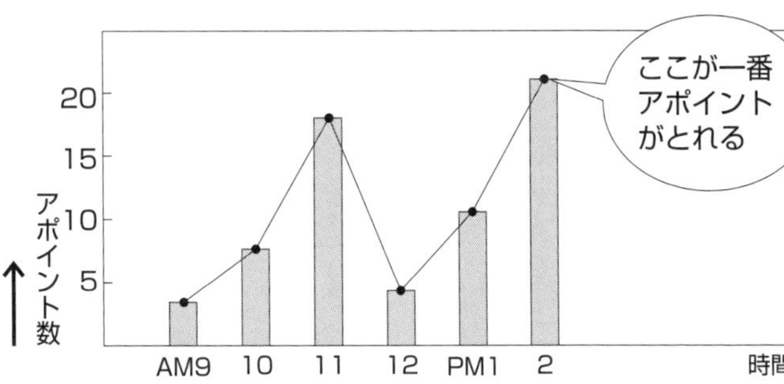

勘や感覚に頼るのではなく、数値で見ることにより、正確に「ピンポイント行動」を把握する

自分への評価にもつながります。

さぁ、なすべき「ピンポイント行動」がハッキリしました。

しかし、「ピンポイント行動」がわかっただけで、望む成果が得られるわけではありません。

重要なのは「ピンポイント行動」の回数を増やすこと。

そして、そのための**時間を確保できるような「時間管理」が必要**になります。

Chapter 7

必ず成果が上がる時間管理とは

ここまでの説明で、望んでいる「結果」に直接結びついた「ピンポイント行動」を増やすことの重要性がおわかりいただけたと思います。

しかし、それがわかっただけではダメなのです。「ピンポイント行動」を日々の生活の中に落とし込み、習慣化しなければいけません。

そこで必要になるのが**「時間管理」**。

「○時に○○と会う」「○時に○○へ行く」と手帳に書き込むことが、時間管理だと思い込んでいる人がいますが、それは単なる「予定の管理」でしかありません。

・どんな「ピンポイント行動」が存在し、その優先順位はどうなっているのか
・それぞれどのくらいの時間をかければいいのか
・そのほかの日常業務はどうするのか

こうしたことをきちんと整理したうえで、「今月中にすること」「今週中にすること」「明日中にすること」を戦略的に固めていくのが、いままでの3倍の**成果を上げるための本当の「時間管理」**です。

それでは次のページから、「自分マネジメント整理術」ならではの、時間管理の実践法をご紹介していきましょう。

Chapter 8

「時間割り」の発想で時間を管理せよ

私はこれまで、教育関連の事業を通じて、たくさんの子どもたちを見てきました。

中学生ともなると、彼らの毎日は驚くほど多忙です。

9教科もの授業をこなし、その後は部活や塾通い。合間をぬって友達とのおしゃべりを楽しみ、家では宿題をして、テレビを見て、ゲームで遊び、最近では携帯メールも大人と同じようにやっている子がほとんど。

彼らは1日の間に、実に多くのことをしています。

ところが大人になると、「今日1日、何をしたっけ……!?」なんて状況になってしまうのは、なぜなのでしょう。

その違いは「時間割り」の有無にあります。

子どもたちの毎日は、今日は1時間めが国語、2時間めが数学、3時間めは英語、4時間めが家庭科、5時間めが美術その後は部活、とルールが決まっているからすべてをこなすことができます。

つまり彼らは時間割りによってマネジメントされているのです。

それなら、**大人も時間割りをつくって自分をマネジメントすればいい。**

私の時間割りは毎日決まっています。

こんなふうにすべて決まっていて習慣化されているので、余計なことを考える必要がありません。

子どもたちの時間割りには「体育」「理科」といった具合にそれぞれの時間にラベルがついていますが、大人の場合は「仕事」というただ1枚のラベルがついていて、

私の１週間の時間割り（月曜日、火曜日の例）

Time	月曜日
6:00	起床
	ランニング
7:15	シャワーを浴びる
8:00	家を出る
8:30	会社に到着
	メールチェック・雑務
10:00	社内会議
11:30	外出
12:00	友人と会食
13:30	会社に戻る
14:00	来客打ち合わせ
16:30	執筆
18:00	メールチェック・雑務
19:30	ビジネスパートナーと夕食
22:00	帰宅・読書
24:00	就寝

Time	火曜日
6:00	起床
	ランニング
7:15	シャワーを浴びる
8:00	家を出る
8:30	会社に到着
	メールチェック・雑務
10:00	スタッフとミーティング
11:30	外出
12:00	ビジネスパートナーと会食
14:00	出先の近くのホテルロビーで仕事
17:00	ビジネスパートナーたちとのパーティー
22:00	会社に戻る・雑務
23:00	帰宅・読書
24:00	就寝

約90分単位で
スケジュール
を立てる

それがずっと続いています。

ですから、**「この時間はどの仕事（行動）」をするのかというところまで、あらかじめ決めておくと、理想的な時間割りづくりになり、これが時間管理になります。**

毎日必ず、「明日中にやる仕事」とそれぞれの所要時間を書きだし、そこから時間割りを組み立てる。

これをぜひ、今日から実践してみてください。

そして、子どもたちが寝る前に翌日の時間割りに合わせて教科書を準備するように、翌日の仕事の内容に合わせてカバンの中身を入れ替えること。

その過程で翌日の仕事の段取りが、頭の中でさらにクリアになりますし、カバンの中がすっきり整理されていれば、仕事も効率よく進みます。

Chapter 9

「時間割り」づくりの三つのポイント

では、ここで時間割りをつくるための重要なポイントを三つ挙げておきますので、参考にしてください。

ポイント1 重要な仕事は午前中に

脳の働きは起床3時間後がもっとも能率が上がるので、朝6時台に起床した場合、9時から正午まではもっとも能率が高く、その後は降下していきます。

そのため、学校の時間割りでは数学、国語、英語といった教科はできる限り午前中に集めるとも言われています。

ですから、**重要度の高い仕事は午前中に済ませましょう。**

私たちは、子どもの頃から、朝起きたら歯を磨いて顔を洗い、食事を食べて、身支度をして……ということを毎日続けてきたため、朝は何事も習慣化しやすいという利点もあります。

重要なこと、習慣化したいことは、朝〜午前中に組み込む。

「時間割り」づくりの鉄則です。

ポイント2 優先順位が同じなら、やりたくない仕事から先にやる

〝自発頻度の低い行動の直後に、自発頻度の高い行動をさせると、自発頻度の低い行動が強化される〟という「プレマックの原理」というものがあります。

ちょっと難しい専門用語が並んでいますが、要するに「好きなおかずは後回しにして、嫌いなおかずから先に食べなさい」という食卓のルールと一緒です。

嫌いなおかずを食べるのは、やりたくない仕事をするようなもの。

でも、その後に好きなおかず（仕事）が待っていると思えば、がんばって食べられるものです。

この場合、「好きなおかず（＝好きな仕事）」は、「嫌いなおかずを食べる（＝やりたくない仕事をする）」という行動を「強化」するごほうびになっているわけです。

ですから、**優先順位が同じ程度の仕事がいくつかあるときは、やりたい順に番号をふり、もっともやりたくない仕事から「時間割り」に組み込み**ます。

仕事が進めば進むほど、やりたい仕事が近づいてくるので、やりたくない仕事も集中して片付けることができます。

ポイント3　時間割りにゆとりを設ける

お客さまからクレームの電話がかかってくる。急に新しい商談が入る。上司に突然仕事の指示を出される。

日常よくある光景です。

もしこのとき、1日の時間割りにまったくゆとりのない状態だと、〝たった1本の電話で、今日の仕事がすべて狂ってしまった〟なんてことになりかねません。

ですから、**あらかじめ時間割りには1時間程度のゆとりを確保しておくこと**。

本来やるべき仕事をこなしながら、緊急に入ってきた仕事を適切に処理できれば、上司からの評価や自身の成長につながります。

もちろん、緊急の仕事が入ってこなければ、確保していた時間を「ピンポイント行動」の回数をさらに増やす、新しい仕事に着手する、といったことに活用すればよいでしょう。

Chapter 10

「ピンポイント行動」を「継続」させるために

成果に直結する「ピンポイント行動」の決定、それを毎日の業務の中にしっかりと落とし込むために時間管理の次に考えなくてはいけないことは、「ピンポイント行動」の継続です。

前述した通り、人は楽な行動に流れがちです。

たとえば売り上げを上げるための「ピンポイント行動」が、営業の電話をかけることだとわかっていても、ついつい楽な資料づくりに手を出してしまう……。

しかし、**成果を出したいのであれば、「成果の出る行動（ピンポイント行動）」を数多く実行し続けなければなりません。**

そこで大きな効果を上げるのが「自分マネジメント整理術」の「行動」を継続させるための方法です。

ＳＴＥＰ１でもお話ししたように、人間の行動は、

Ａ　先行条件……行動の直前の環境
↓
Ｂ　行動……行為・発言・ふるまい
↓
Ｃ　結果……行動した直後に起きた環境の変化

の三つから成り立っています。

「先行条件」「行動」「結果」には、はっきりとした因果関係があり、その関係は三つの単語の頭文字から「ＡＢＣモデル」と呼ばれています。「ＡＢＣモデル」の具体例を二つピックアップしてみましょう。

A　部屋が暑い（先行条件）
↓
B　上着を脱ぐ（行動）
↓
C　涼しくなる（結果）

A　お菓子をすすめられた（先行条件）
↓
B　食べた（行動）
↓
C　とてもおいしかった（結果）

この二つの例では、上着を脱いだら涼しくなり、お菓子を食べたら「おいしい！」

という経験ができました。

このように「行動」をした直後に得られた「結果」が、自分にとって望ましいものだと、人間はその「行動」を繰り返します。

この現象を行動分析学では、**「行動」が「結果」によって「強化」された**と表現します。

得られた「結果」が望ましくないものであれば、その「行動」はしなくなります。

たとえば、食べたお菓子が苦手な味だったならば、二度と手を出さないでしょう。

しかし、**実際には望ましい「結果」がすぐに表れない「行動」がたくさんあります。**

「英語の問題を1日10問解く」という行動を毎日続けていれば、必ず語学力は向上しますが、今日10問解いたからといって、そのとたんにペラペラしゃべれるようになるわけではありません。

このＳＴＥＰで取り上げているビジネスにおける「ピンポイント行動」も同じです。

「営業の電話をかける」という行動を増やし、継続すれば、必ず「成果」につながるのですが、「行動」の直後にすぐに望ましい「結果」が表れるわけではありません。

そこで「自分マネジメント整理術」では、継続・習慣化したい「行動」の直後に、意図的に「望ましい結果」を付け加えるという方法をとります。

つまり、**行動の直後に「ごほうび」を与えるのです。**

「なんだか子どもだましみたい」と感じるかもしれませんが、**「強化された行動が増えていく」ということは、数々の実験や実例によって立証されています。**

たとえば、ポイントカードを導入したある工場では、工員たちがゲーム感覚でポイントを競いながら業績を上げています。

社員に資格を取らせたかったある企業では、資格学習にポイントカードを用い、なんと合格率70％近くを実現しました。

こうした実例は枚挙にいとまがありません。

身近な生活を例に出すと、飲食店や販売店が発行するポイント目当てにその店に通うのも、「マイルが増えるから」と積極的に飛行機で出張するのも、まさに「行動の強化」にほかなりません。

あなたも、「成果に直結したピンポイント行動」をしたら、そのたびに自分にごほうびを与え、その「ピンポイント行動」を「強化」してください。

「ピンポイント行動」を自分で決めた回数分しっかり実行できた日は、カレンダーに○印をつけ、○印が20個たまったらCDを1枚買ってよい、といったルールを決めるとよいでしょう。

「ピンポイント行動」ができた日に○印をつける

AUGUST 8

SUN	MON	TUE	WED	THU	FRI	SAT
27	28	29	30	31	1 ○	2 ○
3 ○	4 ○	5	6	7 ○	8	9
10	11 ○	12 ○	13 ○	14	15	16
17 ○	18	19 ○	20 ○	21	22 ○	23
24/31	25	26 ○	27 ○	28	29 ○	30

カレンダーに「ピンポイント行動」ができた日に○をつけることで、行動が強化される。すぐに○をつけること！

あるいは66ページで紹介した、結果に直結する「ピンポイント行動」の回数のグラフ化も「行動」の「強化」に有効です。

人は、評価されない行動を続けることができません。

通常、ビジネスの世界では「結果」だけが評価の対象です。しかし、行動データをグラフ化すれば、本来なら評価の対象にはならない「行動」にも評価を与えることができるわけです。

STEP2のまとめ

◎行動を変えなければ結果は変わらない

◎「ピンポイント行動」を増やせば必ず成果が上がる

◎「ピンポイント行動」かどうか迷ったら計測して確かめる

◎「余分な行動」は徹底的に排除

◎「ピンポイント行動」が習慣として根づくような時間管理を

STEP 3

JIBUN MANAGEMENT

自分マネジメント整理術2
（環境を整理する）

Chapter 1

環境を整理して効率アップ

ＳＴＥＰ２では仕事の内容を整理して成果を上げるコツや、そのための時間管理についで考えました。

このＳＴＥＰでは、成果を上げるために職場における身の回りの**環境を整理**し、仕事の効率を高める方法を解説していきます。

「整理整頓は仕事の基本である」

「仕事のできる人間は、身辺整理もできている」

よく耳にする決まり文句です。

私自身、教育コンサルの現場で多くの子どもと接しますが、確かに勉強ができる子どもは整理整頓も上手なのです。

ビジネスの分野において、整理という概念を重視した活動でもっともなじみ深いものに「環境整備」があります。

「環境整備」のもとになっているのは、〝仕事がしやすい環境を整えることは、仕事の効率や品質の向上、ひいては業績アップにつながる〟という考え方。製造業の現場で生まれ、１９６０年代以降多くの企業に広まりました。

「環境整備」の基本的なポイントは、「整理」「整頓」「清掃」「清潔」「躾」の五つ。ローマ字で書くと頭文字がすべて「S」なので「５S」と呼ばれています。

その職場で働くすべてのスタッフがこの「５S」を徹底的に実行することで、仕事の効率や品質の向上はもちろん、「職場での思わぬ事故や異物混入が激減した」「過剰な在庫がなくなり、コストダウンできた」「納期が守れるようになり会社の信用度が高まった」など、さまざまな側面で着実な成果を上げています。

もちろん、環境の整理によって仕事の効率が上がるのは、製造業の現場だけではありません。

「あの書類はどこにいったっけ？」「肝心なときに、いつも社判が見つからない」ことあるごとに必要なモノを探し回るのは、間違いなく時間の無駄です。

たとえばホッチキス。

たった一瞬ガシャンと書類をとめるために、何分もかけてオフィス内を捜索していたら、「探している時間＝実際に使う時間の数百倍」といった事態になってしまいます。

これは友人から聞いた話ですが、ビジネスパーソンが書類や文房具などを探すために費やしている時間は年間150時間にもおよぶのだとか。

1回あたりたかだか数十秒〜数分の捜索時間も、積み重なると膨大な時間になるというわけです。

よく「時間がないから、整理整頓ができない」と嘆く人がいますが、そうではなく**忙しいからこそ、環境の整理を徹底しておくことが必要不可欠**なのです。

「自分マネジメント整理術」には、

・必要なモノと不要なモノの見極め
・行動のルールの明確化
・行動の継続・習慣化

といった、行動科学マネジメントの重要なテクニックが含まれているため、「自分マネジメント整理術」を使えばカンタンにビジネス環境を整理することができます。

そして繰り返しになりますが、行動科学にもとづく「自分マネジメント整理術」は、〝**いつ・誰が・どこで**〟**やっても同じ成果が得られる**ということが大きな特徴です。

今まで「自分には整理整頓の才能がない」とあきらめていた人も、必ず継続できるようになります。

「自分マネジメント整理術」で環境を整理することによって、仕事の効率が高まれば、新たな時間が生まれます。その時間を活用して、「ピンポイント行動」をさらに増やし、より高い成果を目指す。その分、仕事を早く切り上げて、趣味や学習にあてるなど、あなた自身の目標達成に、ぜひ生かしてください。

Chapter 2

環境の整理に大切なこと

「整理された状態」をビジュアル化する

まずは、デスク周りを中心とした、もっとも身近なビジネス環境の整理について見ていきましょう。

いわゆる整理整頓の大原則の一つに、「定物定位置」というルールがあります。

ひらたく言えば、〝決められたものを、決められた場所に置く〟ということ。

「わかっちゃいるけど、なかなか守れなくて……」

文房具の位置を知らせるイラスト

文房具の
イラスト例

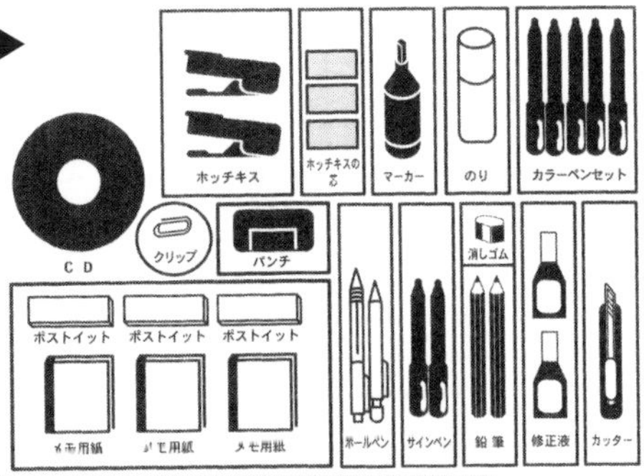

実際のわが社の机
の引き出しの中

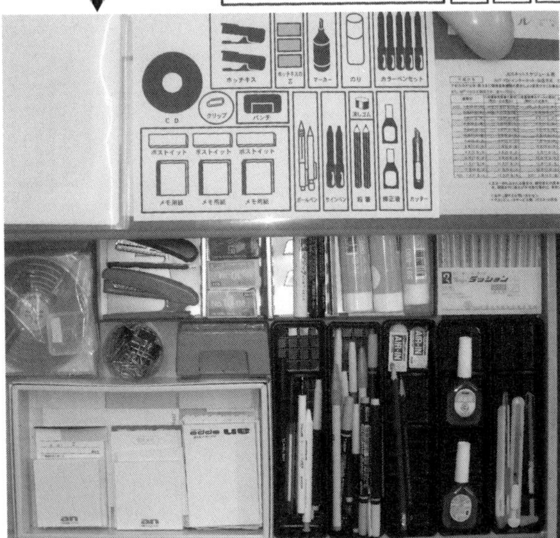

メモ用紙はここ、クリップはここ、と位置を決めたイラストをつくることで、何がどの場所に置くかがすぐにわかる

そんな声が、私のところまで聞こえてくるようです。

私のオフィスでも、かつては「ここにあった二穴パンチ、どこにいったか知らない？」「マーカーが見当たらないんだけど……」といったセリフが、日に何度も飛び交っていました。

そこで**導入したのが「イラスト」**。

キャビネットの上を共用文房具の指定席と定め、ハサミを置く場所にはハサミのイラスト、ホッチキスを置く場所にはホッチキスのイラストを描いたのです。

たとえば、ホッチキスが3個あれば、ホッチキスを3個並べた状態をイラスト

ゴミ箱の位置を知らせる×印

×がついている場所に必ずゴミ箱を置くということが、誰にでもわかるようイラストで示しておく

にし、その上に現物をのせます。

もしイラストが見えていたら、現物がどこかにいっているということを意味するので、「探しなさい！」ということになります。

そして、**ゴミ箱を置く場所には、床にビニールテープで×印**をつけました。

やはり×印が見えていたら、ゴミ箱が所定の位置にない、ということを意味します。

この作戦をオフィス全体で実践したおかげで、「共用文房具が見つからずに探し回る」「誰かのデスクの周囲にゴミ箱が三つも四つも集まっている」といった現象は、急速に減っていきました。

〝行動を変えやすい環境をつくりだす取り組み〟を行動分析学では「行動変容」といいます。

イラストや×印を利用することで、「使ったモノをそのままにしておく」ということこれまでの行動を、「定物定位置」の行動パターンへ。

これは「行動変容」の成功例の一つです。

視覚支援プログラムを活用する

デスクの上や引き出しの中がグチャグチャ。

いったい、どこをどうしたらいいかわからない、という人には「整理された状態を写真に撮る」という方法がおすすめです。

一度自分で徹底的に片付けて〝整理の完成形〟をつくる（もし、それもできないのであれば、整理が得意な人にお願いしましょう）。

そして、1日1回なり、1週間に1回なり、写真を見ながらその形を復元するのです。

「どうやって整理するんだっけ？」

と悩む必要がまったくないので、いたってスムーズに作業できます。

先に行動科学マネジメントには、〝実行すべき「行動」は、具体的な表現を使って「言語化」すること〟という大原則があるとお伝えしました。

とはいえ、〝ビジネス環境を整理する〟という行動に関しては、「ものさしはいちばん上の引き出しのトレイに横向きに置く」「名刺ホルダーはデスクの左奥に立てる」などと言葉で書き連ねるより、ビジュアルで表現した方が断然わかりやすいので、この場合は写真を活用するのがベストです。

写真やイラストを活用するといえば、**アメリカで開発された自閉症の人たちのための視覚支援プログラムがあります**。

これは1日の行動予定や、たとえば「洗濯された服を畳んでしまう」といった作業工程が、写真やイラストで視覚的に理解できるようになっています。

アメリカの製造業やサービス業でも、仕事の各工程を写真やイラストで明示する試みが広がっています。

アメリカの場合は、多言語の人種が同じ職場で働いているという事情が大きく影響し

視覚支援プログラム

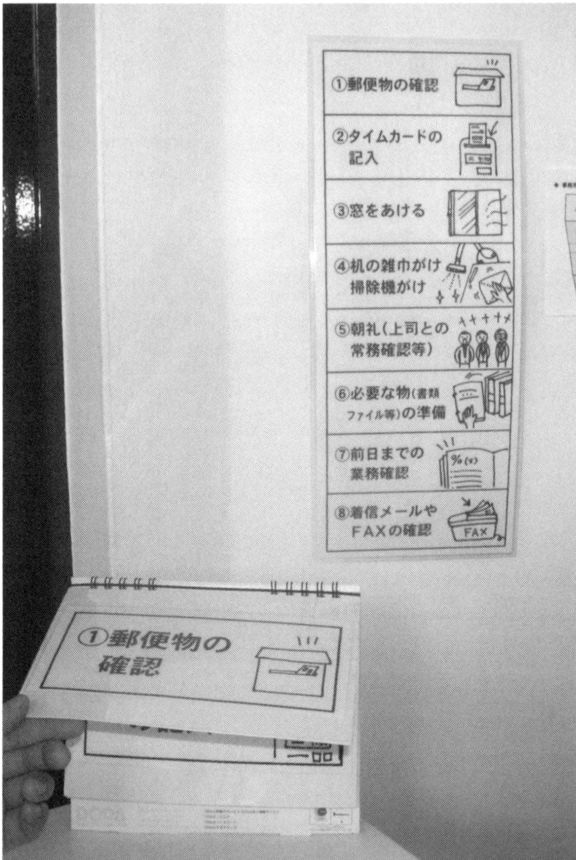

わが社で活用している視覚支援プログラム。誰がやっても同じ結果が得られるよう、朝の仕事が一覧になっている

ていますが、このように「なすべき行動を一目でわかるようにしておく」という行動科学的なアプローチは、さまざまな分野で今後さらに重要視されていくことでしょう。

以上のような〝整理された状態〟のビジュアル化は、最初の準備段階だけ少々手間がかかりますが、それさえクリアすればその後の作業はいたってシンプル。目的のモノを即座に手に取ることができる快適さをぜひ体感してください。

Chapter 3

「捨てるためのルール」を持とう

「重要」がわかれば「不要」もわかる

「自分マネジメント整理術」では、「対象となる行い」がどんな行動で構成されているかを細かく分解するという作業が必要不可欠だと言いました。

ここで言う「行い」とは、名刺を交換する、顧客を担当者に取り次ぐ、といったショートタームのものから、1日の業務内容や営業先を選択してから契約を獲得するまで、といったロングタームのものまでを含みます。

たとえば朝、職場に出社してから朝礼が始まるまでの一連の行動は、

・パソコンの電源を入れる
・コーヒーを飲む
・メールをチェックする
・必要なものはメールを返信
・ＴｏＤｏリストの確認
・隣席の同僚と雑談
・インターネットでニュースなどをチェック
・営業先に持って行く資料の準備

といった行動に分解することができます。

そして行動分析学では、それぞれの行動を細かく見て、それが**重要な行動**なのか**不要な行動**なのかを見極めます。

「重要か」「不要か」の判断基準はただ一点だけ。**その行動が、成果に直結している**

かということです。こう書きだすと、コーヒーを飲むことは不要だとすぐにわかります。

そして次の段階では、

・「重要な行動」が不足していれば増やす
・「不要な行動」はやめる。もしくは減らす

ということを行っていきます。

このことからわかるように「何を重視するか?」と「何を捨てるか?」は、表裏一体の関係にあるのです。

判断不能なら迷っていないで聞く

私のオフィスには3ヵ月に一度、トラッシュ・デイ（ゴミの日）がやってきます。やることはいたって単純です。

「何が何でも、一人当たりダンボール1箱分のモノを捨てる」というのが掟です。

書類の山とダンボール箱を前にして、途方に暮れている新人スタッフに理由をたずねると、決まってこう答えます。

「これ、捨てていいものなのかどうか、迷っているんです」

なぜ彼らが迷うかというと、**自分の中に明確なルールがないから**です。

この場合に必要なのは「捨てるか」「使うか」を即断できるルールです。

もし、その業務での経験が浅く、どうしても判断がつかないのであれば、いつまでも迷っていないで、上司や先輩に指示をあおげばいいのです。

そして、そこで学んだ判別法を自分の中でしっかりとルール化します。

3ヵ月間使わないものは残す価値なし

あるいは、期間で区切るという方法もあります。

私のオフィスのスタッフの一人は、トラッシュ・デイに捨てるべきかどうか迷ったものは専用のボックスに入れておき、その後3ヵ月間そこからださなかった書類は次回のトラッシュ・デイに、一切中身を確認せずに捨てると決めています。

また、「書類を保管しておくスペースは、デスクのいちばん下の引き出しだけ」といった具合に、**キャパシティを限定してしまう方法**もあります。

そして引き出しがいっぱいになったら、古いものから順に捨てていく。

ただし、「捨てるか」「使うか」という二者択一では、どうしてもはみだしてしまうものもあります。それは〝使わないけれど、捨てられないもの〟。

たとえば、仕事で初めて契約をとったときのアポイントシート、自分が手がけた商品を取り上げた新聞や雑誌の記事、お世話になった方からの手紙などなど。

確かに〝使わないもの＝ゴミ〟という観点で見ると、これらはゴミですが、こういった記念になるものは、残しておいてもいいでしょう。

忘れてはいけないのは、**「これは記念として保管しておくんだ」とハッキリ自覚し**

とっておくものはハッキリ決めておく

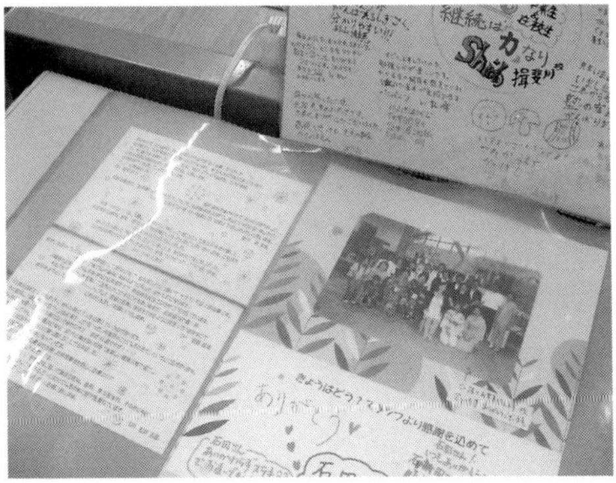

あるスタッフの机の上。いただいたものや記念品で捨てられないものは、他のものと分けて保管をしておく

たうえで区別しておくこと。これも、ルールの一つです。

いっそのこと、記念ファイルや記念コーナーを設けて飾っておいてもいいかもしれません。

Chapter 4

成果を上げるデータ整理術

名刺を整理する

では、ここからは実際に私や私のオフィス内でのデータ整理術をお伝えしていきます。

環境の整理で、誰もが直面するのが名刺の整理でしょう。

ただ漫然と名刺をファイルに入れ、その厚みが増し、名刺ファイルの数が増えるのを見て、「これだけの人に会ってきたんだ」という満足感にひたっている人がいたとします。

これでは単なる〝名刺コレクション〟。

ビジネス・ツールとして有効活用できません。

まず、最初にしなければいけないのは、何のためにその名刺を持っているのか？という**「目的」を明らかにすること**です。

そして目的が明確になったら、それに則した戦略的な分類ルールを設定します。

職種や業種、仕事の進め方のタイプなどによって、「地域別」「役職別」「日付別」などなど、最適な分類ルールは無数に考えられるでしょう。

「整頓」するという意味合いだけで、単純に五十音順に並べていては、〝意味のある整理〟とは言えません。

私はいただいた名刺を、「名前」と「どのイベントで会ったか」という二つのルートで検索できるように整理しています。

オフィスに戻ったら、「これは○月○日のセミナーで会った人」などと言い添えて、名刺をスタッフに渡します。

すると受け取ったスタッフは、「日付」「イベント名」「名刺に書かれている情報（氏名／社名／役職／所在地／電話番号／ＦＡＸ番号／メールアドレスなど）」をエクセルに入力します。

そして、実際の名刺は、名刺ホルダーに五十音順にファイル。

私は、「いつ（どのイベントで）会った人か？」をすべて正確に覚えているので、このエクセルデータを検索すれば、該当する人（の情報）が即座に探しだせます。

そして、ごくまれにですが、名刺そのものをもう一度見る必要が生じたときは、五十音順に整理された名刺ホルダーを見ればオーケーです。

パソコン上のファイル名を整理する

次は、増え続けるデジタルデータの整理についてです。

私のオフィスでは、私が取材を受けた雑誌や新聞の記事はすべてスキャンして、デジタルデータ化しています。

また、新聞記事や雑誌の記事の中に、セミナーで使える資料を見つけた場合も、すぐにスキャンします。

デジタルデータ化できるものは、100%データ化し、紙の状態では残さないというのが、私のルールです。

私たちがパソコンを使ういちばんの理由は、必要な情報が素早く取りだせるから。そのため、いかに素早く探しだせるようにしておくかが、情報をデータ化した後の最大のテーマです。

このときにもっとも重要なのが、**ファイル名のルール**です。

多くの人がパソコンデータのファイル名をコンパクトにしたがりますが、私のオフィスでは違います。

実に長いファイル名をつけるのです。

まずファイル名の頭は日付。

２００９年８月22日であれば「０９０８２２」と6ケタの数字に統一します。

そして、「○○のセミナーで○○理論を補足する円グラフ」「○○をテーマにした『雑誌名』の石田のインタビュー記事」といった具合に、具体的な内容（キーワード）が続きます。

これは、そのデータが必要になったとき、キーワード検索によって確実に見つけだせるようにするための工夫です。

もしも「日報」「資料１」といった

ファイル名にもルールを持たせる

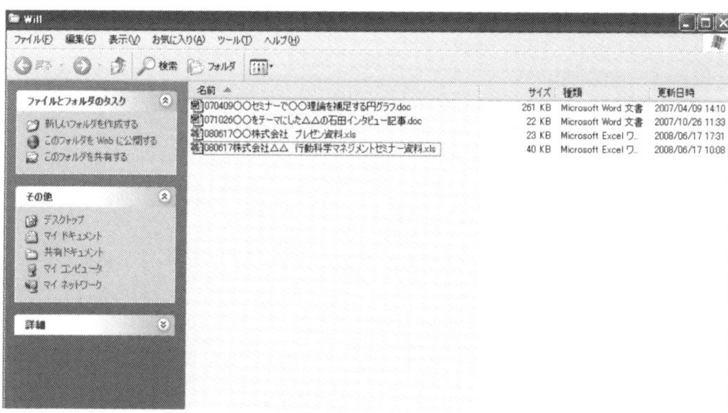

私のパソコン上のファイル。ルールを持たせることですぐにデータが見つかる

ファイル名にしていたら、いちいちファイルを開いて中身を確認しなければなりません。

長いファイル名をつけるのは、面倒なように感じるかもしれませんが、実は確実にファイルを見つけるためのいちばんの近道です。

パソコン内のフォルダを整理する

パソコンのデータ整理において、次に大切なのはフォルダの管理でしょう。

ここでも、まずは**フォルダ名のルールづけが大切**です。

整理ができていない人は、あるときは社名でフォルダをつくり、次の日はプロジェクト名でフォルダをつくり……、ということをやってしまいます。

会社名で統一すると決めたら、何があっても会社名で通す、ということを習慣にしていかなければ、いつまで経っても「意味のある整理」になりません。

そして、ついついつくってしまいがちなのが〝とりあえず〟とか〝保留〟といった名前のフォルダです。

しかも〝とりあえず〟のフォルダの中に、さらに〝とりあえず〟のフォルダがあったり……。

これでは情報が迷子になってしまいます。

いちばんの解決策は、そのパソコンの中のルールをわかりやすく明示しておくことです。

私のオフィスでは、スタッフの多くが自分のパソコン内のフォルダの階層構造をツリー状に図式化したものを、見やすいところに貼っています。

こうすることで、パソコンの中の構造が一目で把握できるので、このファイルはどのフォルダに格納すればいいか？　が即座に判断できます。

発想は「整理された状態を写真に撮っておく」という92ページの方法と同じです。

フォルダ階層を見やすいところに

あるスタッフはパソコンの前にフォルダ一覧を貼っている。こうすることで、どこにどのファイルを入れればよいかすぐにわかる

ここでも、**「目的や行動は、とにかくわかりやすくビジュアル化しておく」**ということが有効なのです。

そして勝手にフォルダを増やし、ツリーの枝葉を伸ばさないこと。

「とりあえずフォルダ」なるものは、絶対に一つだけと決めておき、分類できないファイルはすべてそこに収めましょう。

STEP3のまとめ

◎ビジネス環境の整理で「時間の浪費」をシャットアウト

◎イラストや写真で「定物定位置」への行動をサポート

◎「捨てるか?」「使うか?」を即断できるルールづくりを

◎名刺の整理には「戦略的な分類ルール」が必須

◎パソコンのフォルダ構造を図式化し、データの迷子を未然に防ぐ

STEP 4

JIBUN MANAGEMENT

自分マネジメント整理術3
（頭の中を整理する）

Chapter 1

情報を使いこなす能力を身につける

さて、次はいよいよ「頭の中」の整理についてです。

私たちの生活は、テレビ、ラジオ、新聞、雑誌、書籍といったマスメディアやインターネットから発信される大量の情報であふれています。

とりわけ、インターネットが抱える情報量の巨大化はすさまじく、今やネット上に存在するウェブサイトの数は全世界で1億を優に超えていると言われています。

そこで問われるのが、あらゆる情報の中から、必要とする情報を効果的・効率的に見つけだして、その情報を使いこなす能力、すなわち**情報リテラシー**です。

情報リテラシーの対象となるカテゴリーは、いわゆるマスメディアに流通している情報だけではありません。

個人同士が直接対面したり、メールを介したりしてやり取りする情報、体験によって得た情報についても、目的に則して上手に管理し、使いこなさなくてはいけません。

ここで忘れてはいけないのは、**情報を収集することはあくまでも、何かを得るための「手段」でしかないということ**。

情報を大量に集めて頭にインプットしたことで満足してしまう人が多いですが、本当に必要なのは、その**情報をいかに活用し「目的」を達成するか、という能力**です。

こんなふうに書くと、これからご紹介することがいかにも難易度の高い「整理術」のように感じるかもしれませんが、「自分マネジメント整理術」を利用すれば、誰でも実現が可能です。

そこには、「成果」に直結した「重要なポイント」を見つけだすテクニックはもちろん、**「行動」に着目することによってアイデアの創出を容易にする手だて**までが含まれているからです。

本書を書くにあたり、私自身の情報収集法やその生かし方について、改めて再点検したところ「自分マネジメント整理術」とリンクする部分が非常に多いことに気づきました。

ここでは、私自身が実践していることも交え、「自分マネジメント整理術」を用いて情報や「頭の中」を整理する方法をご紹介していきましょう。

Chapter 2

「情報はとにかくインプット」という発想を捨てる

さて、まずは私の情報に対する基本的な考え方をお話ししておきましょう。

「インプットした膨大な情報を、いかに整理するか？」。多くのビジネスパーソンが、この問題に頭を悩ませています。

しかし私の場合は、出発点がまったく違います。

情報をインプットする前に、必要な情報と不要な情報を取捨選択（整理）してしまうのです。

つまり、**基本的には自分の「目的」に関係のない情報はインプットしません。**

雑談をしていて、いわゆるトレンド情報などが話題になったとき、よくこんな会話が交わされます。

「え⁉　石田さん、コレご存知ないんですか？」

「だって必要ない情報でしょ」

「巷では、けっこう話題になっていますよ……」

私はそのとき取り組んでいる仕事の「目的」から外れている情報に対しては、あえてアンテナを立てないようにしているのです。

目についた情報を手当たり次第にインプットして、それを後から取捨選択するのではなく、最初から必要な情報しかキャッチしない、というわけです。

たとえば、新聞からの情報収集。

私は毎朝2紙に目を通していますが、本文までしっかり読むのは、見出しを見て必要だと思った記事だけ。

その中でセミナーや執筆の資料になりそうなものについては、すぐに切り取り、その日のうちにデジタルデータ化しています。

私はテレビも本当に必要だと判断したものしか見ません。

これから具体的なお話をしていきますが**「情報は人と本から」というのが、私の情報収集の原則**です。

Chapter 3

情報を最大限に生かす頭の中の整理術

アイデアや有益な情報は「すぐにパソコンに送る」を習慣にする

私は人と会うということを、とても重視しています。

会話の中からたくさんの情報を得ることができますし、言葉のキャッチボールをしているうちに新しい企画や発想が次々とわいてきます。

そんなとき私はすかさず携帯電話を取りだし、得た情報や思いついたアイデアを携帯にメモして、自分のパソコン宛てにメール送信するというのを習慣にしています。

このときのメールのタイトルは「メモ」。実はここが重要です。

送るたびごとにタイトルを変えていると、わずらわしいですしパソコンでの検索が

メールのタイトルは必ず統一すること

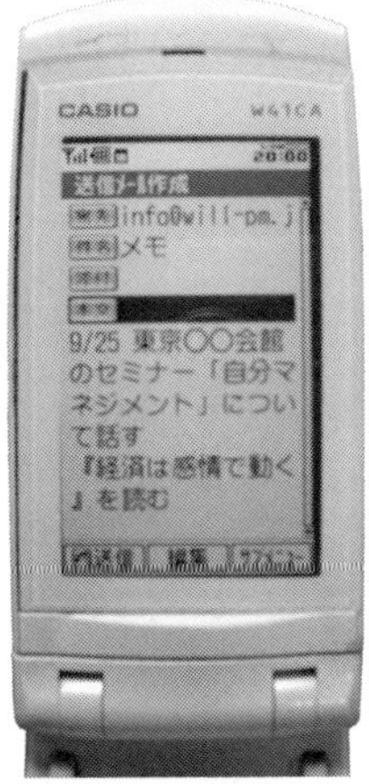

私の携帯画面。こんなふうに気がついたことやアイデアなど何でも携帯からパソコンにメールしておく

しづらくなるので、**「メモ」で統一**しています。

そして、パソコン上のメールソフトに「メモ」という名のフォルダをつくり、分類しておきます。

以前は、手帳やノートに手書きしていました。

しかしカバンの中からノートを取りだして、開いて、書いて……となると、いくつものプロセスが必要になります。

ましてや、パソコンに電源を入れて、ソフトを立ち上げてなんて過程をふんでいたら、どうしても面倒になって、〝メモしておく〟という「行動」が持続できません。

何かを習慣にしたければ、そこにいたるまでの手順は少ないほどよい。

これは行動科学的にも確かなことです。

自分マネPoint

- ●外出先で得た情報・アイデアは携帯からパソコンにメール
- ●行動の手順が少ないほど、習慣化しやすい

メールは読んだ直後に「整理」が鉄則

私自身のメールの整理法もご紹介しましょう。

私はパソコンに送られてきたメールを、すべて携帯電話に自動転送しています。

そして仕事の合間に少しでも時間ができると、携帯メールをチェック。

急いで対応する必要のあるメールが含まれていたら、その場で電話をかけるなどの対処をします。

もちろんノートパソコンは常に携帯していますが、出先でメールソフトを開くのは、携帯では開けない添付ファイルを見る必要があるときだけです。

メールの返信メッセージを書く回数は、**緊急のものを除き1日2回までというのが私の中でのルール**です。

毎日、合計200通ほどのメールを受け取りますが、フォルダをつくって分類しているのは、自分で携帯から送信した「メモ」だけ。

それ以外のメールは、携帯ですでに一度見ていて、その時点で「必要なメール」「不要なメール」の整理が頭の中で済んでいるので、改めてフォルダに分類する必要はありません。

ですから、明らかに不要なスパムメールだけを削除し、それ以外のメールは受信箱にそのまま残してあります。

携帯メールを読んだ段階で、返信する必要のあるメールはわかっているので、それを順に開いて返信すれば、メールの処理はすべて完了です。

自分マネPoint
- パソコンに届くメールは携帯に転送し、空き時間に処理
- 「受信メールをフォルダに分類」という手間は不要

電話は「折り返し」が基本

私は常に自分の携帯電話を、着信しても音が鳴らない〝サイレントモード〟に設定しています。

そして、打ち合わせ中はもちろん、資料に目を通しているときや、アイデアをまとめているときなど、とにかく**「何かをしているとき」は、その場で電話に出ない、と**

いうのを基本ルールにしています。

そして、**後で改めて、折り返しの電話をかけます**。

理由の一つは、そのとき取り組んでいる仕事が中断されるのを防ぐため。電話によって寸断された作業や思考を、元の状態に戻すにはそれなりの時間や労力が必要です。

そうした事態を最初から回避したいためです。

もう一つの理由は、電話の用件に対応する準備を済ませてから、相手と話をした方が効率がよいということ。

私のビジネスパートナーの多くは、私が仕事中は電話に出ないということを知っているので、留守番電話に用件の骨子を的確に残してくれます。

そうでない相手の場合も、初めて電話をくださった方でなければ、何の件で電話をくれたのか？　ということは、たいてい推測できます。

ですから、該当するプロジェクトの資料などを手元に用意し、頭の中をクリアにしてから、折り返しの電話をかける。

そうすれば、突然かかってきた電話にあたふたしながら資料ファイルを探すこともなく、スムーズかつ効率的に電話での会話が進んでいきます。

「私の仕事は、かかってきた電話には、即座に出なければならないんです」という方もいらっしゃるかもしれませんが、そんな人でも顧客先にいるときや会議中は電話に出ないでしょう。

かかってくる電話への対応を「整理」する。

ぜひ実行してみてください。

自分マネPoint
- 「携帯電話が鳴ったら、すぐ出るべき」という常識を疑う
- 準備をしてからかける電話は効率的に話が進む

アイデアを「マインドマップ」で整理する

「いいアイデアが浮かばない……」

デスクの前で頭を抱え、ウンウンうなっている人がいます。目の前に広げたノートは見事に真っ白……。

アイデアが浮かばない理由はいたって明白。アイデアを自分の頭の中から絞りだそうとしているからです。

そもそも頭の中にアイデアがないから悩むのです。これが、毎日の歯磨きなら知っているから悩みません。

知的な仕事と歯磨きを比較するなんておかしい、と思いますか？　でも、同じなんです。

企画することもアイデアを創出することも歯磨きも「行動」です。

「行動」に移さないものは、決して「形」にはなりません。

そこで効果を発揮するのが、行動分析学でいうところの**「モデリング」**です。過去の成功例や、できている人の行動を観察・分解すればいいのです。

・アイデアの材料をどうやって集めているのか？

・人と会って話を聞くのか？　それなら何を聞けばいいのか？

・どんな本や資料に当たればいいのか？

アイデアをだすときの一連の行動をすべて書きだし、重要な行動とそうでない行動に「整理」し、成果に直結する「ピンポイント行動」を見つけだします。

マインドマップで整理する

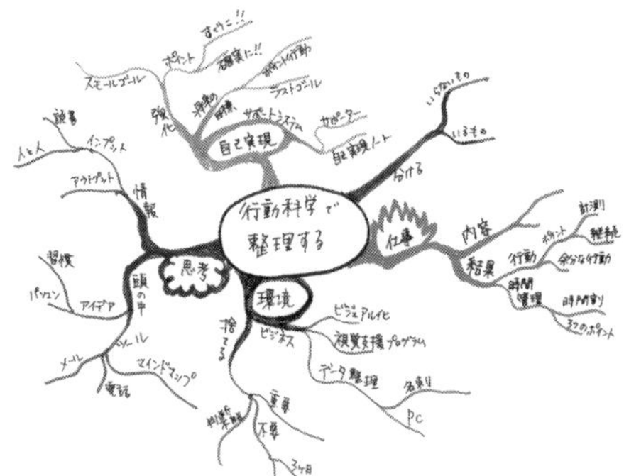

マインドマップの一例。テーマに合わせて、行動をどんどん分解していくことで、何をするべきかが見えてくる

マインドマップ®Mind Map®は登録商標です。

私はセミナーの内容を考えるときや文章を書くとき、よくマインドマップを使います。たとえば、あるテーマの文章を書くために必要な「行動」をどんどん分解しながら書いていきます。

・「集めなければいけない資料は何か?」
・「どこで入手するのか?」➡「国会図書館」
・「誰に話を聞けばいいか?」➡「どんな質問をするか?」

関連のある「行動」が、次々と放射状につながっていきます。

まったくつながっていない「行動」があれば、それは求めている「成果」に直結していない証拠。

それならば、その「行動」は必要ないと〝視覚的に〟判断できます。

もし、これを箇条書きやToDoリストにしてしまうと、「成果」に直結した「行動」なのかどうかがわかりにくいし、非常に重要な行動が埋もれてしまう危険性もあります。

マインドマップは「行動の分解・整理」において、とても使えるツールです。

自分マネPoint

- 「アイデアは頭の中からわいてくる」は思い込み
- アイデアを生みだすための「行動」に着目すること

1週間に8冊読破する読書法

「ご趣味は？」と聞かれると「読書です」と即答するほど、本を読むことが好きです。

1ヵ月にだいたい30～40冊読みます。

「本が読みたいのに、なかなか読めないんです……」

これまでセミナーなどで、幾度となくこの悩みを耳にしました。

なぜ読めないのか？

原因は二つ考えられます。

一つめは、本を読む目的が定まっていないということ。

読書には、**「楽しむための読書」**と**「知識を得るための読書」**があり、その目的によって読み方を変える必要があるのです。

「本を読む時間がなくて……」という人は、どんな本も一字一句逃さず読もうとしているからです。

だからいたずらに時間がかかってしまうのです。

もちろん私も、楽しむための読書であれば、行間まで味わいながらじっくりと時間をかけて読みます。私にとっての楽しむための読書は、歴史小説。特に戦国時代と明治維新にひかれます。

一方、知識を得るための読書は、まったく違います。

まずはパラパラと見て、重要だと思ったところだけを丹念に読み、「これは覚えておきたい」というフレーズやデータを見つけたら、線を引いてページの角を折っておき、後でコピーしたり、スキャンしたり……。

「知識を得るための読書」の中でも特にビジネス書の場合、〝何となく〟読んでいても何も変わりません。

・何のために読むのか？

・そのためにはどんな情報を入手すればいいのか？

それを常に意識して本を選び、目的の情報知識を手に入れてください。

なかなか本が読めない**もう一つの理由は、習慣化できていないということ。**「時間ができたときに読もう」という姿勢でいる限り、多忙なビジネスパーソンが読書を習慣化することは不可能です。

もっとも有効なのは、前のＳＴＥＰ２でお伝えした**「時間割り」に最初に組み込んでしまうこと。**それも、朝の時間帯に「読書タイム」を配置できると理想的です。

もう一つ、読書をするための秘策をご紹介しておきましょう。

私の友人は、同じ本を３冊購入し、オフィス・リビング・寝室など、別々の場所に置いています。

そして、ちょっとした時間ができるたびに、少しずつ読み進めているのです。

読みたいときに、いつでも手元に本がある状態をつくる。

これは「プロセスが少ないほど、その行動は習慣化しやすい」という行動科学の原則とも一致します。

自分マネPoint

- 情報収集のための読書なら、一字一句読む必要なし
- 朝の読書タイムを強制的に設定しよう

人と人をつなぐ整理法

アメリカ人はよくホームパーティを開きます。

私の友人たちがよくやっているのが、「仕事関係の友人2人と、趣味つながりの友人2人を招待し、自分も含めて5人で楽しむ」というパターン。
たとえば釣り仲間とビジネスパートナーが同席するとなると、話題がちぐはぐになってしまいそうですが、実はこういう顔ぶれからさらに新たなネットワークが広がるのだそうです。
日本では、同じ職場の人間と飲んでばかりいるという人が多い。これではネットワークが広がっていきません。

私の人脈づくりのコンセプトは、ずばり**コントリビューション（貢献）**。
よく言われるギブ&テイクとは、似ているようで違います。
「相手が望んでいるものは何か？」➡「誰と引き合わせれば喜んでもらえるか？」
常に私はそれを考えて、人と人をつないでいます。そうすることによって、ほかの人も私を誰かにつないでくれるのです。

少し話はズレますが、この本を手にしているあなたは誰かの紹介によって本書を読んでいるかもしれません。つまりクチコミということです。もしかしたら、ブログを通じてかもしれません。

私はネットでは必要な情報しか手にしないことをルールとしていますが、よい本の情報を得るのに、ブロガーさんのサイトをよく利用します。特に、小飼弾さん、聖幸さん、ｓｍｏｏｔｈさん、こばやしさんなどのブログサイトを見ています。注目すべき新刊をチェックできます。これも一種のコントリビューションだと私は思っています。

ここで、現在私が力を入れているプロジェクトの一つ、ＪＢＮ（Japanese Business Network）についてご紹介しましょう。

これは「海外でビジネスを展開している日本人企業家やビジネスパーソンを応援していこう」という目的のもと、２００７年7月、ベストセラー著者兼ベンチャー経営者の4人（泉正人さん、嶋津良智さん、鮒谷周史さん、本田直之さん）と私の5人で設立したものです。

現在、海外で暮らす日本人の数はおよそ100万人。15年前に比べると、ほぼ倍の人口です。

インターネットの普及により、海外にいても日本の最新情報を瞬時に得ることができるようになりましたが、海外で働く人同士が直接交流してビジネス情報やノウハウを交換したり、経営者によるセミナーを受けたりする機会はなかなかないのが現状です。

そこで、JBNでは海外で各種のセミナーや交流会を企画・運営するとともに、私たちが培ってきたノウハウを

有効性が高い書評ブログ

小飼弾さん	404　Blog Not Found	http://blog.livedoor.jp/dankogai/
聖幸さん	俺と100冊の成功本	http://blog.zikokeihatu.com/
smoothさん	マインドマップ的読書感想文	http://smoothfoxxx.livedoor.biz/
こばやしさん	実践起業！　成功への道。 Blogで人脈は作れるか？	http://www.web-smile.com/jissenkigyou/

提供するという取り組みをしています。

現在までに実施したエリアはハワイ、シンガポール、ロサンゼルス、バンクーバー。今後２０１０年までにロンドン、ニューヨーク、上海、バンコク、シドニー、サンフランシスコなどでも開催を予定しています。

このプロジェクトはすべてボランティアベースです。講師費用、渡航費、宿泊費はすべてＪＢＮのメンバーが個人負担しています。

私が、このプロジェクトに力を注いでいるのはなぜか？

それはコントリビューション自体が、私の喜びだからです。

「相手が望んでいるものは何か？」を考えながら、人と人をつなぐことの楽しさ・充実感は、すなわち私の生きる喜びになっています。

そして、もちろんＪＢＮのメンバーとのつながりも、私にとってはかけがえのないものなのです。

人脈をお金もうけのためのツールとして考えている人がいますが、それでは人間関係は長続きしません。

「この人は、それだけのために私と会っているんだな」ということは、必ず相手に伝わります。そうなると、もう次には会ってもらえません。

もちろん、人間関係が先にできていて、後からビジネスチャンスが生まれることもあるでしょう。私にも何度か経験があります。

でもあくまでも私にとって大切なのは、会話を通じて互いの知的好奇心を刺激し合い、損得勘定なしに情報交換できる人間関係を長く維持することなのです（まさにJBNのメンバーとの人間関係がこれです）。

そのためには「あの人と会いたい」「つながっていたい」と思われる人間でいなければなりません。ですから勉強や読書など、常に自分自身を高める「行動」が必要なのです。

そして、人と会う時間をつくり、勉強や読書の時間を確保するためにも、「時間管理」が非常に大切だということを、ここでもぜひ再認識していただきたいのです。

自分マネPoint

- 人間関係はコントリビューション（貢献）を最優先
- 人脈づくりで重要な「整理」は、ズバリ「時間管理」

STEP 5

JIBUN MANAGEMENT

自分マネジメント整理術で
さらなるステップ

Chapter 1

自分マネジメント整理術は「自己実現」も可能にする

さて、ここまでは「自分マネジメント整理術」によって、日々直面している仕事にまつわるさまざまな「行動」を「整理」することで、仕事の効率を高めて新たな時間をつくりだして今までの3倍の成果を上げる方法をお伝えしてきました。

ここで「自分マネジメント整理術」のステップをもう一度おさらいしておきましょう。

ステップ1　「行動」を細かく**分解**し「重要なもの」と「不要なもの」を**見極める**

・見極める基準は「その行動が成果に直結しているか?」の一点

ステップ2　成果に直結している「ピンポイント行動」を**一目でわかる形に**表現する

・「ピンポイント行動」は回数を増やす

・無駄な行動、余分な行動はやめる（または減らす）

ステップ3　「ピンポイント行動」を**「計測」**し、成果との因果関係を確認

・因果関係がなければ、それは「ピンポイント行動」ではない

ステップ4　「ピンポイント行動」の実行を**継続し、習慣化**する（行動の「強化」）

・ポイントカードによって「行動した」ということを評価

ここまでの各章で「仕事の内容」→「身の回りの環境」→「頭の中」、と段階をふむことで、着実に身につけた「自分マネジメント整理術」が効果を発揮するのは、日々の仕事をめぐる事象だけではありません。

「自分マネジメント整理術」は、「自分の中の可能性を開花させたい」「大きな目標をかなえたい」といった「自己実現」をも可能にします。

「自分マネジメント整理術」を使うことによって生まれた時間を、あなたの将来の目標達成のために活用しようではありませんか。

あなたの将来の目標は何でしょう?

「外国語をマスターする」「キャリアアップ」「起業」「大学院への進学」「ダイエット」……。

今まで漠然としか考えていなかった目標を、「自分マネジメント整理術」によって毎日続ける行動へと「整理」できれば、いつの日か……と心に描くだけだった目標が、現実的なものへと変わります。

そのためのプロセスの骨組みは、ここまで学んだ「自分マネジメント整理術」と基本的に同じ。

そして当然ながら、「自己実現」についても**〝いつ・誰が・どこで〟やっても誰でも同じ結果を得ること**ができます。

それでは、目標を実現するための「自分マネジメント整理術」の具体的なプロセスを見ていきましょう。

Chapter 2

将来の目標達成にも、重要なのは「ピンポイント行動」

目標を数値で具体化するラストゴールの設定

大きな目標を達成するために必要な、最初のステップは「ラストゴール」の設定です。

「キャリアアップ」「起業」といった目標を現実にするためには、**どんな「成果」を上げなければいけないか**を整理し、「いつまでに」という期限を設定します。

まずは、あなたが目指している目標に関連する本を読んだり、実際に目標を達成した人に話を聞いたりして情報を集め、その中から目標に関わる「成果」を書きだします。あまり深く考えず、とにかく片っ端からピックアップをしてください。

たとえば「英語をマスターする」という目標に関連した「成果」なら、

・TOEICで高得点を上げる
・字幕なしで映画が理解できるようになる
・ブログを英語で書く
・通訳ガイド国家試験に合格する
・海外の好きな作家の作品を原書で読めるようになる

など、いろいろ考えられることでしょう。

次に、「目標の実現に本当に直結しているか？」という視点で、一つひとつの「成果」をじっくりと検討します。

そして、

・2年後までに、TOEICで730点獲得する

・来年11月の行政書士試験に合格する
・夏休みまでに腹囲をマイナス５cm

など、最終的に自分が目指す「ラストゴール」を決定します。

これまでの各ＳＴＥＰで、「重要な行動（やモノ）」「不要な行動（やモノ）」を見極めるテクニックを身につけたあなたなら、最適な「ラストゴール」を見つけだすことができるでしょう。

ところで、たとえば「起業」が目標であれば、必要な資格を取得するだけなく、お金の準備も必要かもしれませんね。

このように、目標の内容によっては、複数の「ラストゴール」が求められるケースもあります。

「ラストゴール」の設定で重要なポイントは、数値目標と期限を必ず盛り込むこと。

それが決まっていないとペース配分がわからず、成果達成のために毎日どんな「行動」を行えばいいのか、絞り込むことができません。

逆に言えば、「ラストゴール」が具体的であればあるほど、目標実現の可能性は高まるということです。

なお、資格などの試験については「合格」「不合格」というはっきりとした線引きがあるので、目標数値は不要になります。

万一、**続けていくうちに、どうしてもハードルが高すぎると感じたら、「ラストゴール」の中身（数値や期限）を修正する必要があるかもしれません。**

最初の段階で「ラストゴール」に具体的な数値・期限を盛り込んでおけば、「達成する方法は本当にないのか？」「なぜハードルが高すぎるのか？」「ハードルを下げるならどこまで下げるのか？」といったことを論理的に検討することが可能です。

ラストゴールに向けた「ピンポイント行動」を決める

次なるステップは、毎日実行する「ピンポイント行動」の決定です。

「ピンポイント行動」とは、「成果」に直接つながる「行動」のことでした。

「ラストゴール」を達成するための学習法や教材をつぶさに研究して、

・**求めている「成果」に直結した「行動」か？**
・**自分のライフスタイルに合っているか？**

という二つの観点で「ピンポイント行動」を決め、1日に実行する「回数（分量）」を設定します。

たとえば英語の学習であれば、

・問題集を○ページ解く

・新しい単語かイディオムを3つ覚える
・海外のニュースサイトの記事を一つ読む

という具合です。

さぁ、やるべき「ピンポイント行動」が決まれば、さっそくスタートです！　と言いたいところですが、目標達成を確実にするために、どうしてもクリアしておかなければいけないことがあります。

それは、「三日坊主」や「挫折」からの脱却。

「やるぞ！」と固く心に誓ったはずなのに、続けられなかった経験が、きっとあなたにもあるはずです。禁煙、習い事、ランニング、日記……。

目標に向かう「ピンポイント行動」として、効果絶大な勉強法を見つけだしたとしても、その効果は〝きちんと勉強を続ければ〟という前提つきです。

今、あなたが始めようとしているのは、あなたの目標のための行動。

その行動を継続すれば、必ず「成果」や「目標」に近づくことがわかっています。

それでも継続が難しいのはなぜでしょう？

セルフマネジメントにおいて、いわゆる「意志」や「やる気」だけで目標達成のための行動を1年間毎日継続できる人は、2％しかいないと言われています。

「続けたいのに続かないこと」に共通しているのは、前述していますが、**すぐに成果が確認できないということ**です。

「〇〇の資格をとる」「海外映画を字幕なしで理解する」

こうした「成果」を目指して勉強を始めても、成果や目標に到達するまでには長い時間がかかります。

・1時間勉強するごとに模擬試験の点数が10点アップする
・一晩ＣＤを聞いたら、英語のニュースが聞き取れるようになる

こんなふうにすぐに成果を実感できれば、誰も挫折などしないのに……。

しかし、あきらめることはありません。

「自分マネジメント整理術」には、何度も言うように「続ける」ためのプログラムがあります。

それがここまでに何度も登場している、**行動の「強化」**です。

あなたは公園で、小さな子どもが何度も何度も、飽きることなく滑り台を滑り続けている光景を目にしたことがありませんか？

どんなに遊び盛りの子どもとはいえ、彼らにとって〝滑り台の階段を上る〟という行動はそれほど愉快なものではないはずです。それなのに、なぜ上るのか？

子どもたちは知っているのです。上まで階段を上った後、滑り降りる〝スピード感・爽快感〟といった、**楽しくて仕方がない「結果」が待っている**ことを。

だから何度でも階段を上るという「行動」を繰り返すのです。

前述の通り、行動分析学の世界では、このような状況を「スピード感や爽快感といった『望ましい結果』が、階段を上るという『行動』を『強化』している」と表現します。

そして、このような「望ましい結果」を意図的につくり上げ、日々の「ピンポイント行動」を「強化」しようというのが「自分マネジメント整理術」による継続のための仕掛けです。

「自分マネジメント整理術」のベースになっている行動分析学は、〝いつ・誰が・どこで〟実践しても同様の成果が得られるということを前提にした科学ですから、メソッドを正しく実践すれば、これまで何をしても**三日坊主だった人も、必ず続けることができます。**

ポイントカードで「強化」しよう

STEP1でも、望ましい「結果」を得るためのツールの代表的な存在が「ポイントカード」であるとお話ししました。

ファストフード店、美容院、クリーニング店など、さまざまな店で、「スタンプを100個集めると◯◯がもらえる」「カードがいっぱいになったら1000円割引」といった特典つきのカードが発行されています。

基本的な原理はこれらと同じです。

「ピンポイント行動」を実行するたびに、そこにスタンプを押したり、シールを貼ったりしていきます。

マス目を塗りつぶすという方法でもかまいません。とてもシンプルな方法です。

ポイントカードの導入は「強化」「測定」といった科学理論に基づいており、その効果は実験データによって裏づけられています。

・行動の成果がわからない
・行動しても誰からも評価されない

だから続かなかったのです。そこで、「行動したらポイントを与える」ということで、「今日も実行できたね。もう○日も続いてるね」と、**自分の行動を評価してあげる**のです。

たったこれだけのことで、人間の行動は強化されます。たとえ目に見える成果がなくとも、明日も続けようと思えるのです。

ポイントカードを実際に使い始める前に、「このピンポイント行動をしたら○ポイント」というふうに、ピンポイント行動ごとにポイント数を設定します。

「ちょっと大変だけど、これをやると絶対チカラが伸びる」と思うピンポイント行動や、「今月はこのジャンルを強化しよう」と思うピンポイント行動を、ほかのピンポイント行動の2倍の点数にするなど、内容やレベルによってポイント数に差をつけてもよいでしょう。

ポイント制を採用する目的は、あくまでもピンポイント行動を実行することなので、あまりにも難しかったり、量が多かったりしてはいけません。

たとえば、

・インターネットで英語のニュース記事を1本読む……3点

というピンポイント行動をつくったら、

・新しい単語もしくは、イディオムを3つ覚える……1点

のように、ハードルを思い切り下げたピンポイント行動も併せて用意しておくと、時間がないときや体調がすぐれないときでもやり遂げることができます。

ポイントカードのマス目を埋めながら、「今日も実行できた！」「ちゃんと続いてる！」という達成感を得ることは、必ず継続へのチカラになります。

ポイントが簡単に集まるルールづくりは、「ピンポイント行動」を習慣化するための重要なファクターです。

ポイントは「すぐに」「確実に」が鉄則

ところで「自分マネジメント整理術」には、ポイントカードを活用する際、必ず守らなければいけない二つの原則があります。

・**「すぐに」する**
・**ルールを「確実に」守る**

まずは一つめの「すぐに」について。

前述の通り、行動の強化とは、「この行動をしたら、この結果が得られる」という因果関係を脳に学習させることでした。

行動分析学に、「60秒間ルール」と呼ばれるものがあります。

行動をした直後（60秒以内）に自分が望む「結果」が得られると、その「行動」は充分に「強化」されるという原則です。

60秒を過ぎてしまうと、どんなに望ましい結果が得られても、行動を強化する効果はどんどん薄くなっていくのです。

大切なのはタイミングです。

動物に芸を教えている場面を想像してください。

たとえば犬に「おすわり」を覚えさせたいなら、「おすわり」をするたびに頭をなでたり、えさを与えたりします。

・なぜ頭をなでてくれたのか？
・なぜ今度はなでてくれないのか？

何度も繰り返すうちに、犬は「行動」と「結果」の関係に気づき、芸を覚えます。

でも、犬が「行動」と「結果」の因果関係を学習できたのは、「おすわり」をした直後に頭をなでたから。「おすわり」をした翌日に頭をなでてやっても、犬はなぜ頭をなでられたのかわかりません。

つまり、**行動と結果の間が短いほど、強化の原理は強く働く**のです。理想はもちろん、60秒以内です。

わかりやすい例として、動物の事例を挙げましたが、「行動の原則」は人間も動物も基本的に同じです。

小さな子どもに「昨日、きちんと歯を磨いたから、ごほうびね」とシールをあげても、歯磨きという行動は残念ながらほとんど「強化」されません。

ですから、「シールは後でまとめて貼ろう」ということは避けてください。

大人の場合は動物や小さな子どもと違い、「行動」と「結果」の時間差が少々長くても行動と結果の因果関係を学習できますが、それでもピンポイント行動を行った後、2日以内にはポイントを付与することが大切です。

そして原則の三つめ。

ポイントをつけると決めた以上、必ずそのルールを「確実に」守ること。

ルールを守ったり守らなかったりすると、脳は「行動」と「結果」の因果関係を学習してくれません。

「行動の後に必ずごほうびがある」これが大切です。

スモールゴールを設定する

ここで、これまでのSTEPでご紹介していなかった「スモールゴール」についてご説明します。

目標達成までの道のりが長期にわたる場合、継続をより確かなものにするために、「自分マネジメント整理術」では「スモールゴール」の設定をすすめています。

「スモールゴール」とはその名の通り、大きなゴール（ラストゴール）を目指す途中に設ける小さなゴールのこと。

「スモールゴール」は小刻みにたくさん用意するのが重要です。

そして、少しがんばれば達成できる程度の難易度が理想的。

どんなに**小さなゴールでも、それを達成することで小さな自信が生まれます。**

その積み重ねは、やがて大きな自信へとつながっていきます。

たとえば資格試験の合格を狙うなら、

・予想問題集で50点とれるようになる

↓

・予想問題集で55点とれるようになる

といった具合に、簡単なレベルからちょっとずつ、小刻みに上げていきます。

スモールゴールの対象になるのは「成績」だけではありません。

ポイントカードが1枚埋まったら、「それだけ行動した」ということをスモールゴールにしてもいいでしょう。

そして**ポイントが一定の数に達したら、自分にごほうびをあげます。**たとえば、好きなCDや本を1冊買う、ちょっと贅沢なランチを食べる、いつもより高いビールを買うなど。

ごほうびの内容は「ピンポイント行動」と関連のないもので大丈夫です。

自分にとっての〝ちょっとうれしいごほうび〟をぜひ探してみてください。

「成果」や「結果」はもちろん大切ですが、そこまでの過程（＝行動）をしっかり評価し、自分をほめてあげる。

「自分マネジメント整理術」が「継続」において大きな効果を上げられる秘訣がここにあります。

サポーターを見つけよう

「ピンポイント行動」のように「望ましい行動」を継続していこうとするとき、それを支援してくれる人を「自分マネジメント整理術」では「サポーター」と呼びます。

「支援」といっても決して難しいことはありません。

行動ができていたら、ほめてもらう。

これだけです。

サポーターは、家族でも友人でも同僚でもかまいません。

あなたが目標を実現するために歩きだしたことを伝え、「行動ができていたら、ねぎらいの言葉をかけてほしい」とお願いしましょう。

あるいは、サポーターをインターネットの中に確保することも可能です。

ネット上には、資格取得、語学力アップ、ダイエットなど、同じ目標に向けて努力している同志が集まるコミュニティがたくさんあります。

そこで、自分の目標、ラストゴール、スモールゴール、毎日の「ピンポイント行動」とその実行状況を、ブログや日記として公表するのです。

誰でも閲覧できるページだと、コメント欄に心ないコメントやコメントスパム（無差別に投稿される広告）が書き込まれる可能性があるので、登録制のサイトやｍｉｘｉなどのソーシャル・ネットワーク・サービスなどのブログや日記を書く機能やスペースがあらかじめ用意されているタイプを利用するのがよいでしょう。

メンバーが互いに励まし合うような雰囲気にあふれたコミュニティなら理想的です。

「がんばってますね」
「その調子です！」

そんな温かいコメントは、必ずやあなたの「ピンポイント行動」を「強化」してくれることでしょう。

Chapter 3

「自分マネジメント・ノート」を作成しよう

以上で将来の目標を実現する「自分マネジメント整理術」の解説は終了です。

もう一度うかがいましょう。

あなたの将来の目標は何ですか？

「自分マネジメント整理術」によるあなたの目標達成をサポートするために、本書巻頭に「自分マネジメント・ノート」をご用意しました。ぜひ利用してください。

目標は何でもかまいません。

まずは「目標」に達するために必要な「成果」から順に、思いのままに「ノート」に書きだしていってください。

この最初の一歩が、あなたの目標を単なる夢から「達成可能なゴール」へと変えてくれることでしょう。

ビジネスの成果も、快適な環境づくりも、アイデアの創出も、そして将来の目標の実現も、すべては「行動」から始まります。

さぁ、本書『超！自分マネジメント整理術』を教科書にして、新しいあなた自身の「行動」を開始しましょう。

おわりに

本文中でもお伝えしたように、私はここ数年で、講演やセミナーなどを通じて、いろいろな方に接する機会が増えました。

そこで、よく聞かれるのが「どうすれば、結果を出せるのか」ということです。

あらゆるメディアで情報がはんらんしている現代社会において、自分の望みどおりの「結果」を出すためには、情報や知識の取捨選択が極めて重要です。

しかし実際には多くの人々が、膨大な情報をどのように「整理」すればよいのかわからず、途方に暮れているのが現状。

その理由は、情報整理のための判断基準を持っていないことにあります。

世の中では、21世紀の到来とともに「知識社会」に突入したと言われています。

大量生産が最大の課題だった「工業社会」から、「知識」がもっとも重要な価値を持つ社会への転換が、猛スピードで進んでいます。

この「知識社会」の担い手として、注目されているのが「ナレッジワーカー（＝知識により付加価値を生み出す労働者）」。

「従来のホワイトカラー」と「ナレッジワーカー」には大きな違いがあります。

マニュアルにもとづき、与えられた仕事をきちんとこなすことで評価される「ホワイトカラー」とは異なり、「ナレッジワーカー」はナレッジ（情報や知識）を活用し、創造性や問題解決能力を発揮することが求められています。

ナレッジをいかに活用するか？

私はこの点で、ビジネスパーソンの二極化が進んでいることを実感しています。

・ただ単に情報や知識を詰め込むことだけに時間を費やしている人

・求める「結果」に則した情報を的確に取捨選択している人

その違いは、求めている「結果」から必要なプロセスを逆算して、情報や知識を取捨選択しているかどうかに尽きるでしょう。

「結果」からの逆算によって「結果」にいたるまでのプロセスを「整理」し、最高のアウトプットができる環境を整えること。

それこそが「結果」を出し、これからの時代を生き抜くための情報整理術です。

「自分マネジメント整理術」を身につけると、情報を「整理」するための判断基準が明らかになり、「結果」に結びつく情報を選び取れるようになります。

ですから、本書が「ナレッジワーカー」を目指すビジネスパーソンにとって、大きな助けになることを、私は願ってやみません。

もう一つ、私にとって気がかりなのは、多くのビジネスパーソンの中に蔓延している「漠然とした不安」です。

年功序列というかつては当たり前だった仕組みが崩壊し、「長く勤めてさえいれば、収入も地位も着実に上がっていく」という時代は終わりました。

グローバリゼーションの進行により、企業間の競争は国境を超え、「この会社なら安泰」という絶対的な保証は消え去りました。

こうした状況から生まれる「漠然とした不安感」をぬぐい去るには、「いかに自分自身を高めていくか」ということが最重要ポイントになります。

そのための助けになりたい。これもまた、私が本書を手がけた大きな理由です。

本書は「整理」を切り口した、セルフマネジメントの教科書です。

この教科書を通して「自分マネジメント整理術」が身につくと、職種や目標が何であれ、プロセスを「整理」し、望む「結果」へと到達することができます。

「自分マネジメント整理術」の概念がつかめれば、その応用範囲は無限です。

私はいわゆる「天才」を伸ばすことには全く興味がありません。

ビジネスにかかわるごく普通の方々に、私が構築したマネジメント手法をお伝えし、それによって日本の企業を少しでもよくしたい。それと同時に、それぞれのビジネスパーソンの人生がより豊かになるのをサポートしたい。

それが私の最大の「目標」です。そのための私の使命は、多くの方に「行動科学」の考え方を伝えること。私自身も「自分マネジメント整理術」を使って、「目標」に向かって邁進している最中なのです。本書の出版は、その目標に到達するための「スモールゴール」の一つでしかありません。

最後になりましたが、ご協力いただいた木村美幸さん、また私の考えに共感していただき、この本の出版にあたってさまざまな方面でご尽力いただきましたインデックス・コミュニケーションズの谷内志保さん、そして本書を通じて「行動科学」「行動科学マネジメント」に興味を持っていただいた皆さんに、この場を借りて感謝いたします。

あなたの行動が、あなたのすばらしい人生に大きな影響を与えますように。

——石田　淳

石田　淳（いしだ　じゅん）

行動科学マネジメント研究所所長。株式会社ウィルPMインターナショナル代表取締役社長兼最高経営責任者。日本の行動科学（分析）マネジメントの第一人者。
アメリカのビジネス界で大きな成果を上げるマネジメント手法を現地で学び、帰国後、日本人に適したものに独自の手法でアレンジを行い、「行動科学マネジメント」として体系的に完成させる。
精神論とは一切関係なく、行動に焦点をあてる科学的で実用的なマネジメントは、短期間で組織の８割の「できない人」を「できる人」に変える、と企業経営者などから絶大な支持を集める。また、社内マネジメントだけでなく、ビジネスパーソン個人が自ら成長する際に今後、もっとも必要となる「セルフマネジメント」にも活用できる手法として、各方面からさらなる注目を浴びている。現在は、組織活性化に悩む企業のコンサルティングをはじめ、セミナーや社内研修なども行い、ビジネス・教育の現場で活躍している。
著書にベストセラー『すごい実行力』（三笠書房）や『続ける技術』（フォレスト出版）、『短期間で組織が変わる行動科学マネジメント』（ダイヤモンド社）などがある。

協力：木村美幸

参考文献：『パフォーマンス・マネジメント』—問題解決のための行動分析学— 島宗 理／米田出版
『行動分析学入門』 杉山尚子、島宗 理、佐藤方哉、リチャード・W・マロット、マリア・E・マロット／産業図書株式会社

超！自分マネジメント整理術

2008年８月31日　初版第１刷発行

著　者———石田　淳
発行者———酒井圭子
発行所———株式会社インデックス・コミュニケーションズ
〒101-0052　東京都千代田区神田小川町3-9-2　共同ビル
TEL 03（3295）1658（書籍販売部）
TEL 03（3295）3010（書籍編集部）
http://www.indexcomm.co.jp/
印刷／製本—中央精版印刷株式会社

ISBN 978-4-7573-0546-5　C0030